LA MODERNIZACION ADMINISTRATIVA del ESTADO MEXICANO

Los Retos de la Descentralización Municipal en México

AUTORES:
JOSE LUIS VERDUGO HERNANDEZ
MARGARITA ELIZABETH PRIETO SALGADO
MAURO CONDE MARTINEZ

COLABORADORES:
MONICA MADERA NAVARRETE
CLAUDIA ARLENNE CHAVIRA
MARGARITA ROBLES
JANETH GOMEZ

BSC

JOSE LUIS VERDUGO HERNANDEZ
MARGARITA ELIZABETH PRIETO SALGADO
MAURO CONDE MARTINEZ

Los Retos de la Descentralización Municipal en México

Ciudad Juárez, Chihuahua: 2013.

B Sides Collection

ISBN-13: 978-0615951393

ISBN-10: 0615951392

Coordinación editorial: Universidad Autónoma de Chihuahua.

Primera edición, diciembre de 2013.

Impreso en Estados Unidos de Norteamérica / Printed in United States of America.

CONTENIDO

LA MODERNIZACION ADMINISTRATIVA DEL ESTADO MEXICANO

La modernización administrativa a inicios de 1980 fue impulsada por organismos internacionales, estas se centraron en minimizar el tamaño del estado no tomando en cuenta las pérdidas que se causaban en cuanto a las capacidades para cubrir las necesidades del estado, al fin y al cabo los proyectos de modernización hablando de voluntad han sido instrumento muy inestable.

Es por eso que la administración pública debe ir más allá crear nuevas formas y modalidades de participación social, para crear realmente un lazo fuerte entre gobierno y sociedad, para lograr esto se necesita de un lapso de tiempo, es evidente que esto no se puede dar de un día para otro, desde un punto de vista diferente, la modernización no se trata de solo la voluntad del gobierno, partido o líder, sino que más que nada es un trabajo en conjunto de circunstancias políticas, económicas entre otros, lo cual influye de manera muy directa en el país.

En los últimos tiempos se ha comentado mucho sobre los avances que se han tenido en México en cuestión de modernización. La modernización administrativa debe impactar de la manera más directa a nosotros como sociedad, y que mejor manera de hacerlo que brindando buenos servicios públicos que lleguen a satisfacer nuestras necesidades.

La modernización administrativa es una parte importante en el papel que juegan los gobernantes, desde el punto de vista para hacerse más eficientes, frente a nosotros la sociedad y por otro lado entrar en competencia con otros gobernantes.

El gobierno como nosotros los ciudadanos, tiene una gran responsabilidad en la manera de cómo se va desarrollando nuestro país, primero que nada los gobernantes no deben imponer cosas que se les puedan escapar de las manos, y recordando que ellos al terminar su periodo se retiran, pero nosotros los ciudadanos seguimos permaneciendo en el mismo sitio.

Es por eso que es importante que nosotros como sociedad, tengamos en mente que debemos informarnos de la manera en que se manejan los asuntos públicos, e ir de la mano con los gobernantes, ya que esto es para un bien común.

A la modernización administrativa se le incorporan elementos los cuales ayudan a dar mejor la idea que se quiere dar a entender -Administración pública como un componente y no como un obstáculo. - La administración pública como un elemento independiente. La modernización en sí, es identificar transformaciones que se hayan presentado y de la misma forma fortalecerlas.

Este contenido más que nada se enfoca en la forma de trabajo de los trámites y procesos de la Administración pública del Estado de México. Esto ha ayudado radicalmente en la forma de trabajo, tener una buena relación con la sociedad, lo más importante: la comunicación que se puede tener entre gobierno y estado. Como antes se había mencionado con esto se lograría una mayor eficacia, productividad y muy buena calidad en los servicios que se brindan a la ciudadanía, es por esto que es de gran importancia trabajar en la gestión pública, en la buena comunicación ya que con esto todos saldríamos beneficiados.

En México la modernización administrativa se convirtió en un recurso para fortalecer al estado, sin embargo esta tendencia permite suponer que la administración tiende a separarse del poder político, lo que está en peligro de que se convierta en terreno fértil del saber técnico.

En sí lo que se desea tratar en la modernización administrativa es modificar y mejorar lo que se tiene para tener un resultado más satisfactorio, es aprender de los errores y utilizar herramientas que ya se tienen para sacar el máximo provecho, antes de pensar en crear nuevas.

Entre 1960 y 1980 los gobiernos favorecieron la estabilidad política que se había alcanzado en los años cuarenta y provocaron controlar sectores importantes para dar impulso al desarrollo económico, la importancia que adquirió la modernización administrativa abiertamente expresada al publicarse en Diciembre de 1976 la ley orgánica de la administración pública federal incluyo cambios, por ejemplo en la economía.

En cuanto al párrafo anterior se menciona a la economía como un factor que cambio, ya que se planteo la necesidad de conseguir el desarrollo económico del país para lograr una estabilidad monetaria para lo que era necesario dar más, es decir producir y exportar mucho más de lo normal.

Es de suma importancia que nosotros como ciudadanos participemos, es muy común que en cuanto a las experiencias que hemos vivido como sociedad de una u otra forma seamos apáticos ante este tipo de cuestiones, ya que tal vez en algunas ocasiones hemos participado y alzado nuestra voz sin haber obtenido algún resultado favorable.

Es importante tener en mente que si nosotros como sociedad no damos a conocer cuáles son los problemas que tenemos, a los cuales se les puede dar seguimiento y obtener un buen resultado con tan solo alzar la voz, sin dudarlo hay que participar.

Para esto se realizó un programa en 1994 el Programa General de Simplificación Administrativa (PGSA), el cual aspira a contribuir para lograr grandes propósitos fundamentales como lo es tener una buena relación con la sociedad y gobierno, como antes ya mencionado y tener una mayor eficacia en la gestión pública. En este programa PGSA, se cuenta con la participación de todas las secretarías, esto con el objeto de que cada acción fuera realmente con compromiso y tener muy en mente las responsabilidades, para lograr tener una buena comunicación entre todos los involucrados dentro de este programa, su trabajo es identificar y ejecutar la simplificación administrativa para de igual forma agilizar procedimientos y trámites.

La simplificación administrativa es un punto que siempre está presente tanto en los gobiernos federales como en los estatales, es por eso que deben ampliar su cobertura.

En algunos procesos administrativos se presenta cierta complejidad asociada a trámites demasiados lentos, y que dan lugar a tener conductas ajenas al interés público, por mencionar algún ejemplo esta el trámite municipal y la simplificación del proceso para dar autorización para construir una vivienda.

Es por eso que se ha promovido que se vea la participación de los integrantes de cada dependencia y organismos estatales que tengan una relación en procesos interrelacionados, como lo es la habilitación de las ventanillas únicas de transporte público, la modernización de la función de inspección a empresas y por último, y no por eso menos importante, la agilización del acto de entrega y de recepción de oficinas públicas.

Para que estos procesos lleguen a realizarse es necesario trascender al ámbito de los gobiernos municipales, con el fin de ampliar su cobertura de atención y sus beneficios en los ciudadanos.

El gobierno del estado de México a través de la secretaría de contraloría, ha promovido y ha dado un gran apoyo a la integración de seminarios-taller de capacitación.

En la actualidad se ha observado mucho, ya que en la gran cantidad de centros comunitarios que existen se da la oportunidad a nosotros como ciudadanos el aprender cosas nuevas.

Con la ayuda de gente capacitada que ofrece talleres y no porque sea gente con un nivel más alto de estudios no quiere decir que no se pueda dar opiniones o diferentes puntos de vista, es excelente que participemos y que estos tipos de talleres puedan mejorar con aportaciones de la sociedad.

Estas capacitaciones nos ayudan a sostenernos y poder vivir dignamente, en esos talleres existe tanta variedad en cuanto a lo que podemos aprender, que solo es cuestión de voluntad y el saber aprovechar ese tipo de oportunidades que nos da el gobierno.

Mucha gente se queja de que el gobierno no ayuda en nada y tal vez es porque no han servido de mucho algunas propuestas que implementa, pero debemos ser consientes que no todo se da en las manos, sino que de igual forma nosotros tenemos que ver por nuestro bienestar.

Es por eso que lo mejor que podemos hacer como sociedad es ir de la mano con nuestro gobierno, y muy importante que se haga una evaluación para saber si todo realmente está funcionando, y así se da la oportunidad de compartir experiencias y aportar nuevas ideas.

En cuestión de las empresas también son muy importantes las evaluaciones, los empresarios suelen quejarse del excesivo número de visitas que les hacen los tres niveles de gobierno, puesto que en ocasiones llegan a solicitar documentación pero esto es solo con el fin de inspeccionar.

Otro ejemplo suele ser la colocación de extinguidores entre otros puntos importantes dentro de las empresas, pero esto es solo con el fin de que se pueda dar un buen seguimiento a las inspecciones.

El exceso de información solicitada realmente en ocasiones llega ser molesto puesto que a veces no existe motivo o justificación para hacerlo, todo esto se llega a dar por el inadecuado diseño y presentación de formatos, la falta de transparencia y algo aún más molesto el abuso de ciertos inspectores al querer dar a mostrar su autoridad ante estos casos.

Es por eso que es recomendable que los empresarios tengan presente y a la mano la información básica sobre lo que es el proceso de verificación, se debe estar al pendiente de las quejas que puedan llegar a surgir por parte de los empresarios de igual forma dándoles una resolución pronta y precisa.

Esto ayudará a reforzar los sistemas y canales de información para que estas irregularidades desaparezcan.

Es importante la participación de las Secretaría del Trabajo, Prevención Social, Protección Civil y el Instituto de Salud, son convenientes estas participaciones, no solo por las atribuciones que pueden llegar a tener en la materia, sino por la naturaleza de la inspección.

Las inspecciones deben realizarse de manera que se prevengan cierto tipo de situaciones y no llegar al grado de sancionar, ya que esta no es función del gobierno si no constatar el cumplimiento de las leyes.

Para que estas inspecciones sean lo más honestas y transparentes posibles se debe estar al pendiente de las quejas que puedan llegar a surgir por parte de los empresarios, de igual forma dándoles una resolución pronta y precisa.

Esto ayudará a reforzar los sistemas y canales de información para que estas irregularidades desaparezcan.

Las inspecciones deben realizarse de manera que se prevengan cierto tipo de situaciones y no llegar al grado de sancionar ya que esta no es función del gobierno si no constatar el cumplimiento de las leyes.

Otro punto en mención es la modernización integral del sistema de regulación sanitaria este es muy importante ya que inspecciona de manera que elimina los riesgos para obtener resultados favorables.

Hablando sobre la inspección de la Secretaria de Ecología su trabajo en vigilar que los contaminantes se apeguen a ciertas disposiciones vigentes en la materia que se encarga de la protección del ambiente.

Otro punto en mención es la modernización integral del sistema de regulación sanitaria este es muy importante ya que inspecciona de manera que elimina los riesgos para obtener resultados favorables.

La Dirección de Protección Civil se encarga de que las empresas y establecimientos cumplan con las disposiciones de la ley como ya antes se ha mencionado.

Todos estos puntos mencionados, además de la necesidad de atender las problemáticas que se puedan presentar y quejas asociadas a las inspecciones realizadas, dieron paso a la integración de un interinstitucional, con el fin de dar respuestas a inquietudes del sector empresarial.

Dentro del grupo interinstitucional se planearon estos objetivos:

-Elaboración de una guía de atención a las visitas de inspección, la cual contara con la información necesaria,

14

clara y precisa para los empresarios sobre las materias y asuntos estatales del objeto de verificación.

-Adoptar medidas específicas para la instrumentación de un nuevo modelo de inspección, basadas en que los empresarios sean honestos en sus declaraciones.

En cada una de las dependencias se presenta esta información, que menciona las condiciones generales de trabajo de seguridad e higiene, protección al ambiente y en cada una de las instancias antes mencionadas.

Al final del documento se hace un anexo sobre los derechos y obligaciones de los sujetos de inspección, esto elaborado con las instancias involucradas.

Todo esto se hace con el fin de que se tenga una buena orientación y la información necesaria, cumpliendo a la vez con una de las demandas hablando del sector empresarial, con el fin de clarificar términos y de manera concreta el proceso al realizar las inspecciones.

En 1995 se implemento un nuevo modelo de inspección llamado auto verificación, basado en la confianza que debe de existir entre gobierno y sociedad.

Pero dejemos muy en claro que la inspección y la auto verificación, no es lo mismo, ya que más que nada es un esquema alternativo y complementario que pretende tener mayor cumplimiento de la normatividad emitida por la administración pública.

La auto verificación opera a través de la complementación de un cuestionario elaborado por la dependencia competente, el cual solo da la información necesaria que se necesita conocer para verificar el cumplimiento de la normatividad laboral.

Este programa de auto verificación no pretende de ninguna manera quitarle responsabilidad al gobierno, el objetivo es disminuir de un 50 a 60% la cantidad de verificaciones que se realizan a las entidades.

Estas son las principales ventajas que se espera tener al implementar la auto verificación de empresas en México.

El reglamento de inspección del trabajo se aprobó con la finalidad de brindar seguridad a los empresarios, evitando abuso por parte de los servidores públicos que se encargan de realizar las funciones de inspección, con esto se obtiene una mayor transparencia en el proceso partiendo de la definición y precisión de los requisitos.

Para que la función cada vez sea mas moderna y que cumpla con lo que la sociedad requiere actualmente, es necesario evitar duplicidad de funciones vía reformas legales o la descentralización de de funciones del gobierno.

Para tener un buen proceso es fundamental la transparencia y honestidad, es necesario atender con eficacia las quejas que se pueden llegar a presentar, denuncias e inconformidades que propietarios de empresas y establecimientos expongan en relación de cómo se desenvuelven los inspectores al momento de realizar su trabajo.

También debemos estar consientes que como se le exige al inspector que cumpla con sus labores, es bueno darles ciertos estímulos y reconocimientos, claro cuando esto sea necesario y a su vez castigos y sanciones cuando se infrinja la ley.

El estado de México es actualmente la entidad federativa con un crecimiento demográfico muy importante en todo el país, resultado del gran desarrollo económico, que la convierte en una zona de mayor atracción para la población migrante. Es por eso que la vivienda ocupa un sitio preponderante.

En 1995 se instaló la comisión Estatal de Fomento a la Vivienda, como un órgano coordinador de dependencias y organismos auxiliares, los cuales intervienen en el proceso de producción de la vivienda, a través de dicha comisión los promotores de vivienda interesados en construir viviendas habitacionales pueden obtener en una sola instancia, y de manera más ágil las factibilidades para llevar a cabo sus proyectos.

Esta es una medida muy buena y muy rápida, ya que anteriormente era necesario el acudir a cada una de las dependencias para obtener la autorización de construir.

Dentro de la sociedad unas de las principales demandas son las de la vivienda, existen muchas personas que por su situación económica no cuentan con la posibilidad de tener una vivienda digna y no es para menos.

Ya que muchas de las personas no cuentan con un hogar para sus familias, no dejemos a un lado que existe mucha población migrante como antes se había mencionado.

Esto genera un gran incremento de demanda de obtener buenos servicios de entre los cuales está la vivienda.

Otro punto que se menciona es la economía estatal y municipal, es la excesiva tramitación económica, afecta a la generación de nuevas inversiones.

También existen molestias en cuestión de las empresas y suele ser preocupante, ya que se debe dar el mayor apoyo posible para conservar y seguir con esa productividad laboral.

El gobierno del estado debe de estar consciente del rol que le corresponde, que es orientar al estado para que se adapte a este tipo de modificaciones.

Eliminar todo tipo de obstáculo que se presente para el crecimiento económico a la misma vez agilizando y facilitando todo tipo de trámites.

Otro punto que se menciona es la economía estatal y municipal, la excesiva tramitación económica, afecta a la generación de nuevas inversiones, también existen molestias en la operación de las empresas, lo cual es alarmante puesto que estas empresas son las que nos brindan oportunidades laborales para poder sacar adelante a nuestras familias y sobrevivir, por eso es importante el apoyar a estas empresas para conservar la planta productiva y laboral y a la vez cubrir nuestras necesidades.

Es muy desagradable observar que en la actualidad muchas empresas, negocios por muy pequeños que sean, se vean en la necesidad de ya no continuar, puesto que con el nivel de delincuencia con el que contamos es realmente alarmante y esto no afecta solo a los empresarios dueños de estos negocios, si no que a la sociedad entera.

En síntesis la actividad empresarial ha implicado la identificación de trámites que suelen limitar la actividad productiva, simplificación de trámites, requisitos y documentos que se solicitan en este caso al empresario.

En 1994-1996 el Gobierno del Estado de México brindó apoyo a la simplificación administrativa municipal a través de la contraloría.

En cuestión de Lineamientos y Guías técnicas, se les proporcionaron a los representantes municipales, materiales didácticos, con la finalidad de que cada municipio los adaptara a sus particulares necesidades.

Entre los documentos proporcionados están seminario-taller, este para la integración de programa, Modelo de lineamientos para la elaboración de programa, Guía técnica para la elaboración y por ultimo Guía técnica para la evaluación.

El objetivo de los talleres es proporcionar los elementos básicos que permitan el integrar, ejecutar, y evaluar los programas de simplificación administrativa.

La modernización administrativa más que nada busca tener el control de programación, operación, y el control del gasto público.

Los objetivos para una buena modernización administrativa son:

-Tener una buena relación entre las entidades y dependencias de la administración pública.

-Tener un claro sistema sobre los gastos, para tener un buen control del presupuesto para cada actividad.

-Contar con una buena investigación sobre los problemas que se puedan presentar para darles una pronta solución.

Estos son unos puntos importantes entre otros, pero teniendo esto como base se puede lograr tener un mejor resultado.

Como en el primer punto se menciona, la buena relación que se debe de tener, este punto es muy importante ya que con esta base se tendrá una buena investigación sobre los problemas que se puedan presentar para darles una pronta solución.

Para contar con un control sobre los gastos que se puedan presentar, es necesario ajustar el proceso como lo es el de planeación, programación y presupuestación, las cuales son destinadas para diferentes actividades, esta suele ser una muy buena estrategia.

Esta estrategia nos ayudara en las instituciones donde no se ha visto una mejora y no se ha alcanzado un buen nivel de calidad y buena producción.

En la actualidad el proceso de desarrollo tecnológico es una de las mayores deficiencias, esto a consecuencia de que la demanda y oferta es muy escasa, es por eso que las dependencias del sector de ciencia y tecnología se involucran estimulando ciertas actividades de planeación que se pudieran llegar a realizar.

La modernización administrativa es una cierta herramienta que nos permite identificar y adaptar ciertas administraciones públicas ya que con esto, nos ayuda a escalar un poco más y estar preparados para situaciones cambiantes a las que nos podamos enfrentar, e ir planeando nuevos retos y mejores expectativas.

Esto con el fin de ayudar en la actualidad en lo que es el campo de la competitividad y la eficiencia, ya que no son muy favorables, puesto que no se cubren las necesidades por muy mínimas que estas sean.

Por eso la importancia de modernizar a las administraciones públicas, darles una buena capacitación y que estén totalmente preparados para entrar al mundo de la competencia y que tengan una buena inversión, solo es cuestión de que se den las herramientas necesarias y que la administración se adopte a ellas, para que cada vez sean más eficientes.

Que esto se vea como una necesidad, la cual se debe satisfacer a la brevedad posible, es por eso que la modernización tiene que ser la base al momento de iniciar algún proyecto.

Es por eso que es urgente el impulso de la modernización administrativa, antes llamada "Reforma Administrativa", el proponerse ese reto y fomentar la cultura de modernización en la gestión pública.

Esto da una gran fortaleza a las acciones planificadoras y ordenadoras para la administración. Para que todo esto de realmente funciones es necesario que dichas acciones sean innovadoras de tal forma que de un fuerte impacto para el país.

Es necesario trabajar en algunos puntos que son importantes como lo son:

-Que los gobernantes tengan un buen equipo de trabajo para que hagan frente a problemas que se puedan presentar.

-Que el mismo gobierno de un empuje a investigaciones y estudios de modernización, pero sin que se mezclen asuntos políticos, ya que esto no suele ser muy grato y con su intervención no se tiene un buen fin.

-Que cada propuesta para modernizar tenga ciertos objetivos y metas como base de partida y con programas de parte del gobierno.

-Que gobiernos junto con entidades brinden lo necesario a institutos de la administración pública.

La confianza es un punto muy importante, el cual no se puede quedar atrás. Al tener la confianza nosotros como ciudadanos hacia nuestros líderes se pueden solucionar los problemas con mayor eficacia usando todos los recursos con los cuales se cuentan.

Para que esto funcione los que hacen la gestión pública somos nosotros como ciudadanos ya que nosotros somos los que recibimos ciertos servicios, pero debemos tener muy presente que nadie nos asegura un resultado totalmente favorable para ninguna de las dos partes, que somos nosotros como sociedad y los gobiernos.

Es importante conocer todas las herramientas que nuestros gobernantes utilizan con la intención de tener una buena administración.

Es realmente necesario que nos informemos sobre este tema, debido a que en los últimos tiempos el gobierno ha

24

sufrido de una crisis en el desempeño de las actividades que se realizan dentro de la administración pública.

La modernización administrativa puede ser una excelente herramienta para los gobernantes que se han quedado atrás en cuestión de la eficacia, pero solo funcionará si se aplica como debe de ser de acuerdo a cada administración pública.

Es conveniente tener en cuenta que reforma administrativa y modernización administrativa no es lo mismo, la reforma es el ajuste de medios u operaciones pero sin afectar la base que son los valores, en cambio la modernización es el adoptar nuevos valores partiendo de las necesidades que se tengan.

La modernización administrativa no es un tema nuevo, siempre ha ido de la mano de la administración pública en cada momento.

En términos generales hablando del tema de la modernización es el transformar ciertos campos en los cuales realmente se note un cambio favorable, como lo es la democratización, la industrialización entre otros también esta la participación de medios de comunicación.

El tener una modernización social es de gran importancia ya que esta se relaciona tener una organización política y administrativa totalmente estructurada con un mayor nivel de capacidad de adaptación.

Los aspectos de la modernización tienen que tener una comunicación más directa con el desarrollo política de la sociedad realmente si así se manejara esto sería totalmente diferente, ya que nosotros como sociedad somos lo que tenemos el poder de modernización no solo el gobierno, si nuestro pensar es así estamos muy equivocados, ya que es gracias al pueblo, es decir como sociedad tenemos que involucrarnos más en cómo se está desenvolviendo la gente a quien nosotros le dimos el poder y el cual es nuestro representante.

El desarrollo político de sociedad, concierne a la aparición de una autoridad política nacional, el cual sustituye tradiciones que como sociedad tenemos, una de ellas es la religión.

La aparición de nuevas tareas es lo que se necesita, en donde se desarrollen estructuras especializadas, de esta manera las jerarquías administrativas se vuelven más elaboradas y disciplinadas.

Las sociedades políticas modernas se distinguen por la participación de las masas.

El objetivo de este libro es dar a conocer cómo se puede llevar a cabo una mejor modernización administrativa y más que nada el estar conscientes de que la participación es muy importante.

Una propuesta para tener una mejora es que los funcionarios den un fuerte impacto ante nosotros como sociedad, ya que al ver su presencia y dicha participación ante la problemática y necesidades de la sociedad da realmente mucha confianza en crear nuevas propuestas, y que estas sean apoyadas por ellos.

Realmente existe gente que tiene muchas cosas en mente que pueden dar muy buenos resultados y modernizar, sería excelente que en cada distrito hubiera algún funcionario dando aportaciones.

Como se mencionó en párrafos anteriores el desarrollo político de sociedad, concierne a la aparición de una autoridad política.

DESCONCENTRACION

La desconcentración es la radicación de competencias y funciones en dependencias ubicadas fuera de la sede principal del organismo o actividad administrativa, sin perjuicio de las potestades y deberes de orientación e instrucción que corresponden ejercer a los jefes superiores de la administración, la cual no implica delegación, y podrá hacerse por territorio y por funciones.

Para llevar a cabo la desconcentración es necesaria llevar a cabo la delegación mediante la cual se transfieren el ejercicio de funciones a sus colaboradores o a otras autoridades con funciones afines o complementarias. Esto se nos puede entender mejor con el concepto de organigrama, que es donde se estructura mejor el puesto para una mejor respuesta a la ciudadanía en sus peticiones.

Los ministros, directores de departamentos administrativos, superintendentes, representantes legales de organismos y entidades que posean una estructura independiente y autonomía administrativa, podrán delegar la atención y decisión de los asuntos a ellos confiados por la ley y los actos orgánicos respectivos, en los empleados públicos en los niveles directivo y asesor vinculados al organismo correspondiente.[1]

Esto se da en todas las dependencias con las que contamos en ciudad Juárez y en donde las mismas tienen que rendir cuentas a la presidencia municipal, la cual sería el órgano centralizado al cual le confiere trabajo a dichas dependencias.

Mientras que otro autor como lo es Manuel María Diez, sostiene que la desconcentración es un sistema de organización administrativa en que el poder de decisión, la competencia para realizar los actos jurídicos que corresponde a la persona, los cuales son atribuidos en forma permanente a órganos que le están subordinados

---

[1]Panorama de las reformas del estado y de la administración pública Escrito por Diego Younes Moreno.pag.31

jerárquicamente, las cuales se deben de entender como desconcentración administrativa, la cual se caracteriza por lo siguiente:

1. Significa una distribución limitada de facultades administrativas y no políticas de carácter decisivo y ejecutivas, autorizadas por disposición de la ley. considerada desde los puntos de vista formal y material, en órganos subordinados y con cierta jurisdicción territorial a fin de agilizar los trámites administrativos, prestar con mayor eficacia los servicios públicos y hacer menos costosos unos y a otros. Si esta forma se llevara a cabo no tendríamos la gran deuda económica por la que pasamos y la cual fue seriamente reflejada en el año 2010 donde el ex presidente José Reyes Ferriz no pudo contemplar gastos para celebrar el 15 de septiembre en la frontera y por lo cual miles de juarenses no pudimos disfrutar de esos fuegos artificiales y así como gritar "VIVA MEXICO".

2. Al transferirse las facultades de manera definitiva, cambia necesariamente la titularidad de las mismas: de quien las transfiere al que las recibe.

3. Estando ordenadas por la ley, las atribuciones desconcentradas no podrán quitársele al nuevo titular sino es por reforma de esa ley, por disposición de otra ley emitida con posterioridad, respetándose así el principio de la formalidad de las leyes. Sin embargo el propio ordenamiento podrá organizar al

29

órgano superior del órgano público del que se trate para desconcentrar, por reglamento o por simple acto administrativo que deberá formalizarse por escrito.

4. El órgano que reciba las facultades desconcentradas seguirá teniendo la misma situación de subordinación que guardaba frente al órgano que desconcentro y por lo mismo, continuara bajo sus órdenes, control y vigilancia.

5. Las facultades desconcentradas son irrenunciables y confieren a sus titulares la misma responsabilidad que tenían los órganos superiores que las transfirieron.

6. El ejercicio de las atribuciones desconcentradas solo podrá hacerse dentro de la jurisdicción correspondiente.

7. Los particulares estarán obligados a tramitar sus asuntos ante el órgano en que se desconcentraron las que se relacionen con esos asuntos.

8. La autoridad que desconcentro estará obligada a dar a conocer al órgano receptor las políticas generales, planes, programas y normas técnicas a que deba sujetarse en el ejercicio de las atribuciones desconcentradas.

9. Teniendo la desconcentración por objeto principal agilizar los trámites y descargar al órgano superior

que transfiere alguna de sus atribuciones, la gestión que se haga ante el órgano desconcentrado agotara la administrativa, no debiendo, por tanto, recurrirse ante el superior jerárquico el acto con el que se esté conforme; esto sin menoscabo, claro está de las garantías procesales de defensa deducibles ante los tribunales competentes muy particularmente los de carácter contencioso-administrativo.

10. Permite la comunicación inmediata y directa entre las autoridades y vecinos de la región de que se trate, propiciando lazos cordiales y de mutuo entendimiento.

11. Hace también posible un conocimiento más preciso de los problemas que se susciten en la comunidad y por lo mismo, capacita a los funcionarios para darles la mejor solución y en el tiempo más oportuno.

12. Resulta un instrumento de gran utilidad para lograr el acercamiento de los vecinos entre sí, mediante programaciones cívicas en que se rinda homenaje a los valores locales y reuniones sociales que unan a las familias.[2]

En ciudad Juárez se llevo a cabo la reingeniería administrativa en la cual el principal objetivo era reducir los costos tanto en tiempo y en dinero, así como eliminar las

---

[2]Derecho administrativo T.II. CAP II. PAG 71

funciones que no son necesarias y en las cuales se gasta mucho dinero y tiempo.

Dentro de la reingeniería administrativa se dio mucha información, la cual si se llevará a cabo como se entrego, habría una mejor administración, eliminando los puestos y procesos que son inservibles, los cuales solo son una carga extra en el presupuesto de ingresos y así enfocarlos mejor a la compra y mantenimiento de las herramientas necesarias, para que los empleados puedan desempeñar su trabajo de una forma eficiente y eficaz.

Una de las decisiones que se le puede aplaudir al municipio seria el cierre de servicios médicos municipales, los cuales estaban en pésimas condiciones hablando desde las camas de los pacientes, el medicamento de baja calidad que a largo tiempo le salía más costoso entre otras cosas. En esa clausura se pudo recuperar miles de pesos los cuales eran destinados a dicha dependencia.

Dice Velasco Monroy: La administración pública federal, ha intentado, por lo menos, formalmente la desconcentración de sus dependencia y entidades, en algunos sectores, se han obtenido avances y logros substanciales, pero estos resultados no han impactado en el ámbito municipal propiamente dicho, porque se han dado siempre dentro de lo que se entiende por desconcentración administrativa.

Por supuesto que los avances en la desconcentración han beneficiado a los habitantes de los municipios y de los ayuntamientos, ya que de alguna forma u otra, se han acercado las decisiones, los trámites y los servicios de la administración pública, al lugar donde se generan las demandas de la población.[3]

En la realidad actual en la que vivimos y debido a la falta de liderazgo político en ramas como la seguridad pública, la delincuencia ha tomado el control de nuestras vidas. Todo esto debido a una falta de planeación total en la ciudad, desde el punto de vista social, educativo, político, etc. Esto nos lleva a pensar: ¿acaso una planeación integral en la cual se deleguen responsabilidades y en la que la ciudadanía pueda participar de manera más cercana nos ayudaría la prevención de todos los crímenes que están sucediendo?

La desconcentración debe de ser integral, comprendiendo todas las áreas y niveles de gobierno mediante un esquema de regionalización única, que permita la convergencia, la concurrencia y la coordinación efectiva de las acciones públicas.

La desconcentración es un proceso en cadena que implica a su vez la desconcentración de la administración pública municipal, necesaria e impostergable, ya que esta debe

---

[3]Velasco Monroy, Santiago G. Desconcentración, descentralización y coordinación administrativa. Conceptos básicos y conceptualización del estado. Facultad de ciencias políticas y sociales. U.N.A.M. Monografías. México 1985-1986.

también acercarse, más que ningún otro nivel de gobierno, a la comunidad y al ciudadano mismo. Pero para que se de esta desconcentración en el ámbito municipal, se precisa de algunos elemento y factores entre los que se encuentran las atribuciones legales.

En donde los gobiernos solo se acercan a los ciudadanos en momentos de campaña, ofreciendo lo mejor y prometiendo que siempre estarán cerca de nosotros, apoyándonos en lo que necesitemos y cuando llega el momento de la elección ya sean ganadores o perdedores se les olvida el porqué están ocupando ese lugar y un gran sueldo, el cual nosotros mismos les pagamos con nuestros impuestos.

Así en primer término sería necesario legislar sobre la materia, dado que la desconcentración administrativa a nivel municipal no está contemplada específicamente por la mayoría de las legislaciones de los estados.

Los ayuntamientos deben de tener una base jurídica para la creación de órganos desconcentrados propios, así como para dotar a estos mismos de su propio régimen legal.

Es inaplazable una revisión del marco jurídico constitucional que permita una redistribución de competencias y atribuciones entre la federación, los estados y los municipios.[4]

---

[4]IBIDEM.

Chanes Nieto agrega que la desconcentración facilita que el ciudadano reciba mejores servicios que cumplan con sus obligaciones y ejerza sus derechos; en fin que reciba un servicio mejor, más rápido y oportuno.

Así la desconcentración puede estimular el fortalecimiento del estado, porque acerca los órganos federales al lugar donde hace su razón de ser.

La desconcentración es un fenómeno administrativo más complejo que la reubicación física. Implica el distanciamiento territorial de los órganos que forman parte de la misma dependencia, y por tanto, es un factor de reorganización por la alteración de la comunicación entre ellos.

Chanes Nieto considera que la desconcentración se debe de basar en lo siguiente.

1. Determinación precisa de las facultades y funciones a realizar por las dependencias centralizadas y las dependencias desconcentradas.
2. Respeto a la organización federal del estado mexicano y solo excepcionalmente seguirse en el criterio regional.
3. Atribuir capacidad de decisión y acción no meramente el desahogo de trámites.
4. Mejorar las relaciones entre las dependencias centralizadas y desconcentradas en lo relativo a

planeación, programación, coordinación, formación, formulación de políticas e instrumentación en acciones.

5. Desconcentrar completamente decisiones y servicios, así como a la organización entera para evitar rompimientos organizativos y quebrantamientos en la comunicación.

6. Unidad de la dependencia desconcentrada, evitando la reproducción organizativa de la administración descentralizada; lo primero para no crear varias representaciones, lo segundo para no caer en las duplicaciones.

7. Establecimiento efectivo de personas, recursos financieros y materiales ahí donde se lleve al cabo la desconcentración.

8. Dotación de competencias para la celebración de contratos de arrendamientos, suministros y obras directamente, con lo que coadyuvaran a la activación de la vida económica de la localidad.

9. Las decisiones sobre la desconcentración se deben duplicar en el Diario Oficial, para que las dependencias centralizadas no asuman atribuciones de las desconcentradas y viceversa.[5]

---

[5]CHANES NIETO, JOSE. La Descentralización en la administración publica. Inap. México. Prax is num.68.1985

La desconcentración no solo se ha llevado a cabo en Juárez sino en muchas partes de la Republica Mexicana, ya que donde quiera existen malos manejos de la administración pública y que en su caso nos afecta a toda la sociedad.

En nuestro municipio la burocracia es la palabra que más nos afecta como sociedad y a la administración pública en general, ya que por medio de las delegaciones en las actividades (que cabe señalar no se llevan a cabo) se ayudaría bastante a la sociedad, aunque para esto es necesario un plan estratégico de desconcentración.

Sería de gran ayuda a la sociedad que el gobierno local optara por facilitar a la ciudadanía la realización de trámites que actualmente son demasiado burocráticos. Tomando como ejemplo las delegaciones de policía, se podrían formar sitios, los cuales contarán con diversos módulos para realizar trámites como licencia de conducir, pago de predial, multas, entre otras, no como los actuales módulos de atención, los cuales son pequeños e inseguros, estamos hablando de algo más tangible, dirigidos cada uno por grupos de regidores los cuales constaten el buen funcionamiento de dichos sitios. Esto beneficiaría de gran manera a los sectores de la población más alejados, aparte de ser más que un gasto una inversión, pues a nuestro punto de vista el tener acceso a un servicio más cerca de nosotros aumentaría la probabilidad de que ese servicio sea frecuentemente usado por la ciudadanía.

Las reformas exitosas necesitan mucho más de enfoques en los que una gama de partes interesadas deben estar dispuestos a compartir las responsabilidades, a fin de lograr el resultado final de la reducción de la pobreza en los países en desarrollo.

Uno de los mensajes esenciales de este libro es que la descentralización por si, no conduce necesariamente a un acuerdo de gobierno entre los mejores, los líderes y los ciudadanos.

En algunos casos, puede ser conveniente utilizar los instrumentos relacionadas con la descentralización con el fin de redefinir las funciones y responsabilidades de las diversas partes interesadas, y a través de la redefinición como una mejor gobernanza se puede lograr.

En otros casos, lo que puede ser necesario no es la transferencia de funciones del centro a los gobiernos locales, sino más bien la mejora de las capacidades de los gobiernos central y local, con el fin de armonizar efectivamente lo que cada nivel del gobierno proporciona.

Por lo tanto, nuestra conclusión es que las reformas de descentralización están profundamente entrelazadas en el panorama político de los respectivos países, y previendo la reforma de la descentralización, en particular, y la gobernanza en general, como una solución técnica rápida, ya que podría ser asumida por algunas organizaciones internacionales los donantes de ayuda, suele ser contraproducente.[6]

También a un lado un tipo adicional de la descentralización, a saber, Delegación de algunas de las responsabilidades de los programas de desarrollo o proyectos a los organismos paraestatales. Lo excluye, en parte porque muy pocas ocasiones se ha intentado y en parte porque cuando se ha intentado, se ha fallado para facilitar una verdadera descentralización de la toma de decisiones o se ha impedido la ejecución de proyectos, o ambos (Parker, 1995).

Esto nos deja con tres definiciones clave. Después de la adaptación de Parker de la tipología de Rondinelli (Rondinelli, 1981; Parker, 1995), podemos describir de la siguiente manera:

a) La desconcentración o descentralización administrativa,

b) La descentralización fiscal,

c) Devolución o descentralización democrática.

A veces, dos o los tres de este tipo de descentralización se producen simultáneamente, pero también pueden ocurrir por separado.

---

[6]LA ECONOMÍA POLÍTICA DE LA DESCENTRALIZACIÓN DEMOCRÁTICA. Manor, James. Pág. 5

La primera de ellas, la desconcentración, se refiere a la dispersión de agentes de niveles superiores de gobierno en las arenas de nivel inferior. Parker lo describe como la descentralización administrativa, y estos dos términos se utilizan indistintamente aquí.

Un punto merece una atención. Cuando la desconcentración se produce de forma aislada, o cuando se produce junto con la descentralización fiscal, pero cuando los agentes de niveles superiores de decisión del gobierno en las arenas de nivel inferior, pero siguen siendo responsables sólo a las personas más arriba, permite a la autoridad central para penetrar con mayor eficacia en las arenas, sin aumentar la influencia de los intereses organizados en esos niveles.

El gobierno central no está renunciando a cualquier autoridad. Se trata simplemente de trasladar a sus funcionarios en distintos niveles o puntos del territorio nacional. En tales circunstancias, se tiende en la práctica constituyen la centralización, ya que aumenta la influencia de los que están en la cúspide del sistema.

Esto es especialmente cierto en los países menos desarrollados, donde la gente común tienen poca influencia sobre las asignaciones que el sector moderno, como involucrar a las finanzas y la dirección de la mano de obra calificada. Su falta de conocimiento les excluye de los asuntos del gobierno.

Esto es particularmente cierto de la población rural, cuya sociedad y la economía son todavía en gran parte basada en la agricultura de subsistencia, y que están al margen de la toma de decisiones por los centros de las malas comunicaciones.

Si existiera en nuestro municipio una desconcentración de las dependencias sería de gran apoyo para las familias, tanto del sur oriente como del oriente, ya que como estamos pasando por una crisis en donde la sociedad no tiene para llegar hasta la presidencia municipal a tramitar sus papeles, ya que muchos utilizan de dos o tres rutas para moverse a diferentes partes.

El propósito principal de la realización de nuestro libro es apoyar a la ciudadanía para que de una manera eficaz se retiren contentos a sus viviendas, con todo arreglado y no tener que estar regresando dos o tres veces sin tener respuesta alguna.

A todo esto podríamos sumarle que los empleados municipales solo saben pensar y actuar aisladamente, aprenden a trabajar como conjunto y a reforzar los lazos de unión, ya que siempre se nos ha dicho que un equipo es fuerte, no por la habilidad de sus miembros sino por la calidad y cantidad de los enlaces entre sus miembros.

No se trata de uniformar criterios o pensamientos, la unidad se logra en el propósito de cada uno de sus miembros, por ello se debe de definir la misión, en donde lo importante no es tanto el enunciado final sino el proceso participativo del ejercicio, es la primera elección del trabajo en equipo.

Un punto que ayudaría más seria la mejora en los servicios en todo el gobierno como lo puede ser:

1. Simplificaciones de procesos y reducción de tiempos en los trámites de desarrollo.
2. Modernización procesos administrativos básicos como abastecimiento de recursos, humanos y patrimonio.
3. Creación de módulos de atención a usuarios en todas las áreas de contacto con el público, para informar y agilizar los servicios.
4. Descentralización de servicios para resolver el problema en el lugar de origen.
5. Modernización del catastro con aerocartografía actualizada y digitalización de planos.

Si se llevara a cabo la post burocracia se cambiaria en toda forma el desempeño de todo ámbito de gobierno, ya sea federal, estatal o municipal.

TÍTULO TERCERO
RÉGIMEN GUBERNAMENTAL

CAPÍTULO I

DE LA INTEGRACIÓN E INSTALACIÓN DE LOS AYUNTAMIENTOS

ARTÍCULO 17. Cada Municipio será gobernado por un Ayuntamiento de elección popular directa, en los términos de la Constitución Política de los Estados Unidos Mexicanos, la particular del Estado, la Ley Electoral y el presente Código. En su integración se introducirá el principio de representación proporcional en los términos de las disposiciones citadas.

La competencia que la Constitución Federal, la Estatal y el presente Código, le otorgan al Gobierno Municipal, se ejercerá por el Ayuntamiento en forma exclusiva y no habrá autoridad intermedia alguna entre éste y el Gobierno del Estado.

Los Ayuntamientos residirán en las cabeceras municipales y se integrarán:

I. Los Municipios de Chihuahua y Juárez con un Presidente, un Síndico y diez Regidores electos por el principio de mayoría relativa;

II. Los Municipios de Camargo, Cuauhtémoc, Delicias, Guerrero, Hidalgo del Parral, Jiménez, Madera, Meoqui, Namiquipa, Nuevo Casas Grandes, Ojinaga y Saucillo, por un Presidente, un Síndico y ocho Regidores electos por el principio de mayoría relativa;

III. Los de Ahumada, Aldama, Ascensión, Balleza, Bocoyna, Buenaventura, Guachochi, Guadalupe y Calvo, Riva Palacio, Rosales, San Francisco del Oro, Santa Bárbara, Urique e Ignacio Zaragoza, por un Presidente, un Síndico y seis Regidores electos por el principio de mayoría relativa; y

IV. Los restantes por un Presidente, un Síndico y cuatro Regidores electos por el principio de mayoría relativa.

En relación a los Regidores electos según el principio de representación proporcional, se estará a lo establecido en la Constitución Política del Estado y en la Ley Electoral.

Respecto al gobierno de las secciones y demás poblaciones de un municipio, se estará a lo dispuesto en el ordenamiento Constitucional citado

Por cada Presidente, Síndico, Regidor o Comisario, habrá un suplente para sustituirlo en sus impedimentos o faltas.

[Artículo reformado mediante Decreto No. 850-01 II P.O. publicado en el Periódico Oficial No. 38 del 12 de mayo del 2001]

ARTÍCULO 18. Cada Ayuntamiento, se instalará el día 10 de octubre de los años correspondientes a su renovación. Las Juntas Municipales y Comisarías de Policía, al respecto, se regirán por el procedimiento establecido en el artículo 38 de este Código y tomarán posesión en la fecha que señale el Ayuntamiento, una vez calificada la elección.

El Presidente Municipal, otorgará protesta en los siguientes términos:

"Protesto guardar y hacer guardar la Constitución Política de los Estados Unidos Mexicanos, la Particular de nuestra Entidad, el Código Municipal del Estado y demás disposiciones que de ellos emanen y desempeñar con lealtad, eficiencia y patriotismo, el cargo de Presidente Municipal, que el pueblo de este Municipio, me ha conferido".

El Presidente Municipal tomará la protesta al Síndico, a los Regidores, a los integrantes de las Juntas Seccionales y a los Comisarios de Policía, de la manera siguiente:

"¿Protestáis guardar y hacer guardar la Constitución Política de los Estados Unidos Mexicanos, la Particular de nuestra Entidad, el Código Municipal del Estado y demás disposiciones que de ellos emanen y desempeñar con lealtad, eficiencia y patriotismo, el cargo que el pueblo de este municipio os ha conferido?".

El Presidente Municipal tomará la protesta a los Regidores, de la manera siguiente:

"¿Protestáis guardar y hacer guardar la Constitución Política de los Estados Unidos Mexicanos, la Particular de nuestra Entidad, el Código Municipal del Estado y demás disposiciones que de ellos emanen y desempeñar con lealtad, eficiencia y patriotismo, el cargo de Regidores que el pueblo de este Municipio os ha conferido?".

El Presidente Municipal los amonestará en los siguientes términos:

"Si así no lo hiciereis, que la Nación, el Estado y el Municipio os lo demanden".
El Presidente Municipal expondrá a los vecinos del Municipio su programa de gobierno.

En las Secciones Municipales y Comisarías de Policía, la protesta se tomará por el Presidente Municipal o su representante.

[Artículo reformado mediante Decreto No.618-97 VII P.E. publicado en el Periódico Oficial No. 84 del 18 de octubre de1997]

ARTÍCULO 19. Es obligación del Ayuntamiento celebrar una sesión solemne en el período que comprende del día dos al nueve de octubre de cada año, en la cual el Presidente Municipal deberá rendir informe detallado de su gestión administrativa.

46

[Párrafo reformado mediante Decreto No. 1036-01 VII P.E. publicado en el Periódico Oficial No. 72 del 8 de septiembre del 2001, Incluye fe de erratas al Decreto 1036-01 VII P.E. publicado en el Periódico Oficial No. 87 del 31 de octubre del 2001]

Dentro de la misma sesión y rendido el informe por el Presidente Municipal, un Regidor representante de cada uno de los Partidos Políticos que conforman el Ayuntamiento, podrá plantear su posición política en torno al mismo.

Una vez recibido el informe, el Ayuntamiento acordará la integración de una comisión especial que refleje la pluralidad política de este Órgano, a fin de que dentro del término de cuarenta y cinco días emita una opinión al respecto. Las observaciones que se desprenden del análisis realizado por la comisión especial serán hechas del conocimiento del Presidente Municipal en sesión de cabildo, las que en ningún caso serán vinculantes.

[Segundo y Tercer Párrafo adicionados mediante Decreto No. 886-01 II P.O. publicado en el Periódico Oficial No. 45 del 6 de junio del 2001]

CAPÍTULO II

DEL FUNCIONAMIENTO DE LOS AYUNTAMIENTOS

ARTÍCULO 20. El Presidente Municipal o quien lo sustituya legalmente, lo será del Ayuntamiento y tendrá voto de calidad.

ARTÍCULO 21. Las sesiones de los Ayuntamientos serán presididas por el Presidente Municipal o quien lo sustituya legalmente y se celebrarán en la Sala de Cabildo o, cuando el caso lo requiera, en el recinto previamente declarado oficial por el propio Ayuntamiento para tal objeto.

[Párrafo reformado mediante Decreto No. 238-02 IIP.O. publicado en el Periódico Oficial No. 41 del 22 de mayo del año 2002]

El recinto del Ayuntamiento es inviolable. Toda fuerza pública, está impedida para tener acceso al mismo, salvo con el permiso del Presidente, en cuyo caso estará a cargo de éste.

ARTÍCULO 22. El Ayuntamiento como órgano deliberante, deberá resolver los asuntos de su competencia colegiadamente y al efecto, celebrará sesiones públicas ordinarias o extraordinarias; previo acuerdo de la mayoría de sus integrantes, las sesiones podrán ser privadas cuando así se justifique.

Las sesiones ordinarias se celebrarán periódicamente en las fechas y lugar que para tal efecto se establezcan en la primera sesión de Cabildo de cada nueva gestión.

Habrá por lo menos, dos sesiones ordinarias cada mes.

Se celebrarán sesiones extraordinarias cuando sean necesarias a juicio del Presidente Municipal o a petición de la mayoría de los integrantes del Ayuntamiento, debiéndose citar para ello a sus integrantes, ajustándose en cada caso al Reglamento Interior.

Para que las sesiones del Ayuntamiento sean válidas, se requiere que se constituya el quórum por lo menos con la asistencia de más de la mitad de sus miembros. Los acuerdos de los Ayuntamientos se tomarán por mayoría de votos de los presentes, exceptuándose el caso de los reglamentos, para cuya aprobación será necesaria la votación de más de la mitad del número de sus integrantes.

ARTÍCULO 23. Los Ayuntamientos tendrán su residencia oficial en las cabeceras de los municipios que representen y no podrán cambiarla a otro lugar sin la previa autorización del Congreso del Estado, quien calificará los motivos que exprese el respectivo Ayuntamiento.

ARTÍCULO 24. Cada sesión se iniciará con la lectura del acta que contenga el o los acuerdos tomados en la sesión anterior, salvo dispensa aprobada por la mayoría de los miembros presentes. Después de la lectura, se procederá a suscribir el acta por todos los que intervinieron en la misma y quisieron hacerlo.

ARTÍCULO 25. Las actas de las sesiones del Ayuntamiento se consignarán en un libro, que deberá llevar y resguardar el Secretario del mismo.

Cuando el acuerdo de los Ayuntamientos se refiera a normas de carácter general tales como bandos, reglamentos o iniciativas de leyes se hará constar íntegramente en el libro de actas. En los demás casos, además del extracto, bastará que los documentos relativos al asunto tratado, se agreguen al apéndice del libro de actas.

ARTÍCULO 26. En todo el Estado se dará entera fe y crédito a los actos y despachos de las autoridades municipales en asuntos de su competencia.

ARTÍCULO 27. Para lo no previsto, en este Ordenamiento sobre el funcionamiento de los Ayuntamientos, se estará a las disposiciones de sus respectivos bandos y reglamentos y a falta de éstos, a lo que resuelva el Ayuntamiento.

CAPÍTULO III

FACULTADES Y OBLIGACIONES DE LOS AYUNTAMIENTOS

ARTÍCULO 28. Son facultades y obligaciones de los Ayuntamientos:

I. Aprobar de acuerdo con las leyes en materia municipal expedidas por la Legislatura del Estado, los bandos de policía y gobierno, los reglamentos, circulares y disposiciones administrativas de observancia general dentro de sus respectivas jurisdicciones, que organicen la administración pública municipal, regulen las materias, procedimientos, funciones y servicios públicos de su competencia y aseguren la participación ciudadana y vecinal.

Los reglamentos aprobados por los Ayuntamientos deberán publicarse en el Periódico Oficial del Estado.

II. Iniciar leyes y decretos ante el Congreso del Estado en asuntos de la competencia del gobierno municipal y nombrar representante para que intervenga en la discusión de la iniciativa;

III. Vigilar que los actos de las autoridades municipales, observen los requisitos de legalidad y seguridad jurídica que establece la Constitución Política de los Estados Unidos Mexicanos y la particular del Estado;

IV. Crear organismos descentralizados, fideicomisos y empresas de participación municipal;

V. Asignar a cada Regidor, los ramos que considere convenientes para su mejor atención;

VI. Nombrar Presidente Sustituto, de entre sus miembros, en caso de falta definitiva del propietario y el suplente;

VII. Conceder licencia al Presidente Municipal para separarse de su cargo.

[Fracción reformada mediante Decreto No. 662-03 II P.O. publicado en el Periódico Oficial No. 48 del 14 de junio del 2003]

VIII. Proponer al Congreso del Estado, cuando sea necesario, el establecimiento de nuevas secciones municipales o la supresión de las existentes;

A la solicitud deberá anexarse copia certificada del acta de la Sesión de Cabildo en que se haya aprobado solicitar la creación o supresión, según el caso, de la sección municipal y que contenga las razones que motiven la solicitud.

Además, deberán acompañarse los documentos, acreditando:

a) Que la solicitud de creación o supresión de una sección fue publicitada entre la población involucrada, por los medios de comunicación acordes a la región y sus costumbres, debiendo contar con la aprobación de, por lo menos, el diez por ciento de los electores residentes en la misma, debidamente identificados.

En el documento que acredite la consulta deben constar los siguientes datos:

Nombre completo, dirección, firma, número y folio de la credencial para votar con fotografía expedida por el Instituto Federal Electoral. Además, deberá acreditarse que las Juntas Municipales involucradas en la creación o supresión de la sección municipal, se encuentran conformes con dicha acción;

b) Nombres de las comunidades que conformarán la nueva sección, sus datos poblacionales, las vías de comunicación con que cuentan las mismas y las distancias entre éstas y la cabecera municipal o, en su caso, la cabecera seccional a la que pertenecen;

c) Los servicios municipales que prestará la nueva sección municipal o los que se transferirán a otra y, en su caso, las obras que se pretenden realizar a partir de la creación, o

53

bien, las que se suspenderán en caso de supresión de una sección municipal.

[Se adiciona un segundo párrafo a la fracción VIII con los incisos a), b), c) mediante Decreto No. 378-02 III P.E. publicado en el2002]

IX. En caso de conflictos con otros Ayuntamientos, realizar todas las gestiones para solucionar la controversia y en caso de desacuerdo, ocurrir para la resolución del asunto a la instancia competente;

X. Arreglar entre sí, los límites de sus respectivos municipios y someter los convenios que se celebren a la aprobación del Congreso, como requisito necesario para su validez. Asimismo, resolver las cuestiones de competencia territorial que se presenten entre los diferentes poblados que los integran y crear o suprimir comisarías de policía;

XI. Conceder a sus miembros licencia para separarse de su cargo por causa debidamente justificada;

XII. Aprobar, en su caso, el anteproyecto de Ley de Ingresos, que a su consideración presente el Presidente Municipal y remitirlo al Congreso del Estado antes del día 30 de noviembre del año del ejercicio;

XIII. Aprobar el Presupuesto de Egresos de acuerdo con los ingresos que hubiere autorizado el Congreso y remitirlo al Ejecutivo del Estado para su publicación en el Periódico Oficial, a más tardar el día 31 de diciembre, siendo aplicable en lo conducente lo dispuesto por el Capítulo Único del Título Cuarto, de la Ley de Presupuesto de Egresos Contabilidad y Gasto Público del Estado.

Los presupuestos sólo podrán ser ampliados, cuando los ingresos reales sean superiores al ingreso estimado en la ley;

XIV. Vigilar que se dé publicidad mensualmente, por cualquiera de los medios de que se disponga, del movimiento de ingresos y egresos del mes correspondiente;

XV. Rendir los informes por conducto de su Presidente, a que obligue la Constitución Política del Estado u otras disposiciones legales;

XVI. Autorizar, en su caso, los empréstitos, gravámenes o enajenaciones de los bienes municipales y en general las deudas, que puedan pagarse dentro del período administrativo o fuera de él cuando medie aprobación de cuando menos las dos terceras partes del Ayuntamiento;

XVII. Autorizar la celebración de contratos de obras o servicios públicos municipales o el otorgamiento de concesiones, en los términos de este Código, sus Reglamentos y demás disposiciones aplicables;

XVIII. Vigilar el mantenimiento y conservación del patrimonio municipal;

XIX. Dictar las disposiciones generales o particulares que tiendan a la conservación de los bienes y monumentos artísticos, arquitectónicos e históricos, ubicados en el Municipio, así como de los documentos históricos o cualquier material testimonial de un hecho jurídico o socialmente trascendente, que tengan un valor relevante en el orden artístico, cultural o histórico y cuyo cuidado y conservación no corresponda a otra autoridad;

[Fracción reformada mediante Decreto No. 970-03 I P.O. publicado en el Periódico Oficial No. 10 del 04 de febrero del 2004]

XX. Aprobar, por las dos terceras partes de los integrantes del Ayuntamiento y previo cumplimiento del procedimiento a que se refiere el artículo 110 de este Código, la incorporación, desincorporación o cambio de destino de un bien sujeto al régimen de dominio público municipal, exponiendo en el acta de Cabildo correspondiente, las razones que justifiquen dicho acto que invariablemente, deben referirse al beneficio que el Municipio obtiene con dicha disposición y que se verificó que la medida no causa perjuicio a la comunidad.

Cuando la desincorporación del régimen de dominio público tenga como finalidad la enajenación del bien, el producto de su enajenación no podrá destinarse al pago del gasto corriente.

[Artículo reformado mediante Decreto No. 569-02 I P.O. publicado en el Periódico Oficial No. 14 del 15 de febrero del 200]

XXI. Aprobar por las dos terceras partes de los integrantes del Ayuntamiento, la celebración de actos o convenios por un término que exceda a la gestión del propio Ayuntamiento;

XXII. Autorizar al Presidente Municipal para enajenar a título oneroso o gratuito bienes muebles del dominio privado municipal, cuyo valor sea superior a doscientos cincuenta veces el salario mínimo general vigente en la zona económica de que se trate;

XXIII. Solicitar al Congreso del Estado, la dotación y ampliación del fundo legal de las poblaciones, con los terrenos que se requieran para su creación y desarrollo;

XXIV. En materia de bebidas alcohólicas ejercer las funciones que le confiere la Ley de la materia;

XXV. Concurrir con los Gobiernos Estatal y Federal en:

A). El proceso de planeación del desarrollo estatal y nacional, de acuerdo con lo que establezcan las leyes;

B). El desarrollo de programas de vivienda y urbanismo;

C). La previsión de necesidades de tierra para vivienda y desarrollo urbano;

D). La ejecución de programas de regularización de tenencia del suelo urbano;

E). La aplicación de normas y programas que se establezcan para la preservación y restauración del equilibrio ecológico y protección al ambiente;

F). La ejecución de programas de abasto;

G). En general, coordinarse conforme a las leyes, para la ejecución y operación de obras y la prestación de servicios públicos;

XXVI. Aprobar y ordenar la publicación en el Periódico Oficial del Estado, el Plan Municipal de Desarrollo, correspondiente a su periodo constitucional de gobierno y derivar de éste, los programas anuales para la ejecución de obras y la prestación de los servicios de su competencia;

XXVII. Reglamentar en materia de construcción, a efecto de que todas las construcciones públicas y privadas de uso público, cumplan con las especificaciones orientadas al uso adecuado por parte de personas con discapacidad física;

XXVIII. Vigilar los reclusorios municipales, para comprobar que en los mismos se respetan las garantías individuales de los detenidos y se reúnan las condiciones de seguridad, higiene, moralidad, trabajo y enseñanza a fin de que pueda lograrse su readaptación al medio social;

XXIX. Dictar las medidas necesarias para organizar el Catastro Municipal;

XXX. Establecer los órganos y sistemas para identificar, investigar y determinar las responsabilidades y sanciones de sus propios servidores públicos, derivadas del incumplimiento a las obligaciones establecidas en la Ley de Responsabilidades de los Servidores Públicos del Estado de Chihuahua, previa instrucción del procedimiento disciplinario por el Presidente Municipal, quien impondrá dichas sanciones, conforme al reglamento respectivo;

XXXI. Resolver los recursos interpuestos, en contra de los actos dictados por las autoridades municipales;

XXXII. Formular el Reglamento Interior del Municipio;

XXXIII. Otorgar reconocimiento público, al mérito de personas físicas o morales por acciones o conductas valiosas o relevantes, realizadas en beneficio de la comunidad;

XXXIV. Expedir reglamentos para administrar la zonificación y planes de desarrollo urbano municipal; participar en la creación y administración de sus reservas territoriales; controlar y vigilar la utilización del suelo en sus jurisdicciones territoriales; intervenir en la regularización de la tenencia de la tierra urbana;

XXXV. En general, promover en la esfera administrativa, todo aquello que fuere necesario, para el mejor desempeño de las funciones que este Código y otras disposiciones legales les señalen;

XXXVI. Los Ayuntamientos podrán solicitar la comparecencia de cualquier funcionario de la Administración Pública Municipal, cuando se discuta algún asunto de la competencia del compareciente;

XXXVII. Establecer un sistema permanente de capacitación a los servidores de las diversas dependencias municipales a las que se refiere el artículo 60 de este Código; y

XXXVIII. Intervenir en la formulación y aplicación de programas de transporte público de pasajeros cuando aquellos afecten su ámbito territorial;

XXXIX. Celebrar convenios para la administración y custodia de zonas federales;

XL. Las demás que le confieren las leyes y sus reglamentos.

[Se reforman las fracciones I, primer y segundo párrafo, II, XVI, XXI, XXXVIII, y se adicionan las fracciones XXXIX y XL mediante Decreto 850-01 II P.O. publicado en el Periódico Oficial No. 38 del 12 de mayo del 2001]

CAPÍTULO V

DE LAS PRERROGATIVAS DE LOS REGIDORES Y DEL SINDICO

[Título reformado mediante Decreto No. 618-97 VII P.E. publicado en el Periódico Oficial No. 84 del 18 de octubre de 1997]

ARTÍCULO 30. Los Regidores y el Síndico tienen facultades de inspección y vigilancia, en los ramos a su cargo, por lo que no podrán dar órdenes a los funcionarios, empleados municipales y público en general. Los Regidores sólo podrán ejercitar funciones ejecutivas cuando actúen como cuerpo colegiado en las sesiones del Ayuntamiento.

Para el desempeño de sus funciones, el Síndico contará con un cuerpo de colaboradores cuyo número será determinado conforme al presupuesto que anualmente le sea asignado. Para todos los efectos legales, se entiende que el Síndico es el superior jerárquico de sus colaboradores y que estos son empleados municipales.

En todo caso, los servidores públicos encargados de auxiliar al Síndico en materias técnicas o científicas, deberán acreditar los siguientes requisitos:

I. Ser ciudadano mexicano en pleno ejercicio de sus derechos;

II. Tener grado de Licenciatura o autorización para ejercer como práctico, en los términos del artículo 64 de la Ley de Profesiones para el Estado.

III. Gozar de buena reputación;

IV. No haber sido condenado por delito intencional que amerite pena corporal de más de un año de prisión, salvo que se trate de delitos contra la propiedad u otro tipo que lastime seriamente la buena fama en concepto público; en cuyo caso, inhabilitará para el cargo cualquiera que haya sido la pena.

[Artículo reformado mediante Decreto No. 618-97 VII P.E. publicado en el Periódico Oficial No. 84 del 18 de octubre de 1997; Se adicionan los últimos dos párrafos mediante Decreto No. 1129-98 X P.E. publicado en el Periódico Oficial No. 76 del 23 de septiembre de 1998]

ARTÍCULO 31. El día de su instalación el Ayuntamiento determinará el número de comisiones necesarias para el cumplimiento de sus funciones, así como los integrantes de las mismas. Cada Comisión se podrá integrar con uno o tres miembros, conforme al Reglamento Interior y serán permanentes. El Ayuntamiento podrá crear comisiones especiales para conocer de un asunto determinado, dichas comisiones serán transitorias.

Los Regidores podrán formar parte de una o varias comisiones conforme al reglamento que se expida.

Las Comisiones serán de:
I. Gobernación;

II. De Hacienda;
III. De Obras y Servicios Públicos;

IV. De Seguridad Pública; y

V. Además, aquellas otras que determine el Ayuntamiento, de acuerdo a las necesidades del municipio.

ARTÍCULO 32. Cuando alguno de los Regidores de un Ayuntamiento, sin aviso y causa justificada, falte a cualquier sesión podrá ser sancionado con una multa, que se le impondrá de acuerdo con el Reglamento Interior; si la falta ocurre por tres sesiones consecutivas o cinco en un año, el Presidente lo exhortará mediante oficio a que concurra y si no se logra su asistencia; el Ayuntamiento lo declarará cesante y llamará al suplente para que cubra la vacante, por todo el tiempo que falte para cumplir el período.

ARTÍCULO 33. Son facultades y obligaciones de los Regidores:

I. Asistir con puntualidad a las sesiones;

II. Tomar parte en las discusiones con voz y voto;

III. Suplir al Presidente Municipal en la forma que este Código previene;

IV. Formar parte de las comisiones, para las que fueren designados por el Ayuntamiento;

V. Vigilar el ramo de la administración municipal que le sea encomendado por el Ayuntamiento; asimismo, solicitar informes a los diversos titulares de la administración municipal. Para el cumplimiento de lo anterior, los titulares de

64

la administración, están obligados a proporcionar todos los datos e informes que se les pidieren en un término no mayor de veinte días hábiles;

VI. Informar al Ayuntamiento sobre cualquier deficiencia que notara en los diferentes ramos de la administración municipal y proponer las medidas convenientes para enmendarlas;

VII. Proponer al Ayuntamiento iniciativas de reglamentos y de iniciativa de ley, al Congreso del Estado en asuntos municipales;

VIII. No podrán ser reconvenidos por las opiniones que manifiesten en el desempeño de su cargo; disfrutarán de las dietas que acuerde el Ayuntamiento y contarán con los apoyos que les corresponda, conforme al Reglamento Interior, para realizar las gestorías de auxilio a los habitantes del municipio y;

IX. Una vez que reciba de la Asamblea Municipal la constancia de mayoría y antes de tomar posesión del cargo, asistir a los cursos de Profesionalización, Capacitación y Formación que instrumente el Ayuntamiento respectivo, tendientes a proporcionar conocimiento y habilidades inherentes al cargo para el que fueron electos.

[Fracción reformada mediante Decreto No. 572-02 I P.O. publicado en el

X. Las demás que les otorguen, otras disposiciones aplicables a la materia.

ARTÍCULO 34. La Comisión de Gobernación tendrá intervención en todas aquellas cuestiones que se refieran al cumplimiento de las leyes federales o del Estado de aplicación en el Municipio. En especial, intervendrá en la elaboración de las disposiciones municipales de carácter general y en la vigilancia de los reclusorios municipales y agentes de la autoridad cuyo cometido sea la conservación del orden, seguridad y moralidad públicos.

ARTÍCULO 35. La Comisión de Hacienda tendrá intervención, en todas las cuestiones relativas a la materia patrimonial y financiera municipal y de manera especial a través de su Presidente:

I. Autorizar en unión del Presidente Municipal, el Síndico y Tesorero, el movimiento mensual de ingresos y egresos, y el balance anual que debe practicar la Tesorería Municipal; y

II. Intervendrá en todos los actos, contratos, remates y enajenaciones que se refieran al patrimonio municipal. La autorización que expida el Síndico, de acuerdo a la fracción primera, no limita de ninguna forma el ejercicio de sus atribuciones, ni exime de responsabilidad a los encargados de dichos actos.

[Artículo reformado mediante Decreto No. 618-97 VII P.E. publicado en el Periódico Oficial No. 84 del 18 de octubre de 1997; Se adiciona el último párrafo mediante Decreto No. 1129-98 X P.E. publicado en el Periódico Oficial No. 76del 23 de septiembre de 1998]

ARTÍCULO 36. La Comisión de Obras Públicas y Servicios Públicos intervendrá en las cuestiones relativas a la construcción y mantenimiento de obras públicas, aseo, alineamiento de calles y predios, alumbrado público, nomenclatura de calles, pavimentación, mejoramiento ambiental, ornato de calles, plazas, caminos, edificios, monumentos y demás lugares públicos municipales; asimismo, vigilará que la prestación de los servicios públicos municipales se realice eficazmente y que los concesionarios cumplan con las obligaciones pactadas en los contratos de concesión.

ARTÍCULO 36 A.- Los síndicos municipales tendrán a su cargo la vigilancia del patrimonio municipal.

En el Presupuesto de Egresos de cada municipio deberán preverse recursos suficientes para que el Síndico pueda cumplir con eficacia las funciones que le corresponden.

El Síndico podrá practicar revisiones a los documentos que habrán de conformar la cuenta pública. Cada cuatro meses deberá presentar al Ayuntamiento un informe de las revisiones efectuadas. La falta de cumplimiento de este precepto será causa de responsabilidad.

Para efectos del párrafo anterior, los titulares de la Administración Municipal a que se les requiera información, deberán de proporcionarla inmediatamente.

Las revisiones que practique la sindicatura contendrán el análisis de las partidas de ingresos y egresos, y en los casos que así lo considere hará una revisión legal, física, numérica o contable del gasto público municipal pudiéndose extender al examen de la exactitud y justificación de los cobros y pagos hechos, cuidando que todas las cantidades estén debidamente comprobadas conforme a precios y tarifas autorizadas o de mercado según proceda.

Si al hacer la revisión encontraré irregularidades de cualquier tipo, el Síndico solicitará a la dependencia que corresponda, que en un plazo de 10 días hábiles rinda ante él, las aclaraciones pertinentes; si no le son remitidas o no fueren suficientes para justificar las irregularidades, el Síndico rendirá inmediatamente al Ayuntamiento un informe detallado para que éste determine las responsabilidades administrativas, civiles o penales que correspondan.

En los casos no previstos con respecto al Síndico le serán aplicables, en lo conducente, las disposiciones relativas a los Regidores.

[Artículo adicionado mediante Decreto No. 618-97 VII P.E. publicado en el Periódico Oficial No. 84 del18 de octubre de 1997; Se adicionan los últimos cinco párrafos mediante Decreto No. 1129-98 X P.E. publicado en el Periódico Oficial No. 76 del 23 de septiembre de 1998]

ARTÍCULO 36 B.- El Síndico tendrá las siguientes facultades y obligaciones:

I. Asistir a las sesiones del Ayuntamiento y participar en las discusiones con voz, pero sin voto;

II. Revisar y firmar los cortes de caja de la tesorería municipal;

III. Revisar que el ejercicio del gasto se realice llenando todos los requisitos legales y conforme al presupuesto respectivo;

IV. Vigilar que las multas que impongan las autoridades municipales o cualquier ingreso sea enterado a la tesorería, previo certificado de ingresos;

V. Asistir a las visitas de inspección que realice la Contaduría General del Congreso o la Contraloría del Estado o de la Federación a la Tesorería Municipal e informar de los resultados a los Ayuntamientos;

VI. Vigilar que oportunamente se remita al Congreso la cuenta pública municipal;

VII. Vigilar la formulación de inventario general de los bienes muebles e inmuebles propiedad del municipio;

VIII. Vigilar el régimen de propiedad de los bienes inmuebles municipales;

IX. Participar en los remates públicos en los que tenga interés el municipio, para que se finquen al mejor postor y se guarden los términos y disposiciones previstos en las leyes respectivas, como observador;

X. Verificar que los funcionarios públicos y empleados del municipio cumplan con la formulación de su declaración patrimonial;

XI. Revisar la situación de los rezagos fiscales para que éstos sean liquidados y cobrados;

XII. Asociarse a cualquier comisión encomendada a los Regidores cuando la importancia de la misma y los intereses del municipio así lo ameriten;

XIII. Conocer de las condonaciones o reducciones de créditos fiscales que realicen el Tesorero o el Presidente Municipal y;

XIV. Nombrar y remover libremente a sus colaboradores, previo informe que proporcione al Ayuntamiento. La opinión de éste en ningún caso será vinculante;

XV. Solicitar datos, informes y documentación en general a fin de hacer las compulsas necesarias con las empresas o entidades, privadas o públicas, participantes en las actividades que se revisan;

XVI. Elaborar y remitir con oportunidad al Ayuntamiento, el proyecto de presupuesto de Sindicatura, para la discusión, modificación en su caso, y aprobación por el cabildo de la partida presupuestal correspondiente.

XVII. Las demás que establezcan las leyes y reglamentos.

[Artículo adicionado mediante Decreto No. 618-97 VII P.E. publicado en el

Periódico Oficial No. 84 del 18 de octubre de 1997; Se recorre la fracción XIV para pasar a ser la fracción XVII, y se adicionan las fracciones XIV, XV y XVI mediante Decreto No. 1129-98 X P.E. publicado en el Periódico Oficial No. 76del 23 de septiembre de 1998]

La Descentralización

La descentralización en nuestro país como les hemos estado mostrando y mostraremos a lo largo de este tema que es de mucho interés para todos los que estamos cansados de hacer filas y horas perdidas esperando que nos atiendan en las oficinas centrales de nuestro municipio.

Como ya se menciona anteriormente existe la forma de centralización administrativa que es cuando los órganos se agrupan colocándose unos respecto a otros en una situación de dependencia tal que entre ellos existe un vinculo que los va ligando desde lo más importante hasta lo más bajo. A esto se le denomina como relación de jerarquía.

La relación de jerarquía consiste en una relación de dependencia que implica ciertos poderes de los organismos superiores sobre los inferiores, en cada grado de la jerarquía, hasta el presidente de la republica, que es el jefe jerárquico superior de la administración pública.

La centralización administrativa seria aquella forma de organización publica en la que una sola administración, la del estado asumiera la responsabilidad de satisfacer todas las necesidades de interés general, y todas las funciones públicas necesarias para esto.

Descentralización administrativa es un tema muy distinto ya que la centralización está formada por las diversidades sociales que brotan de las costumbres, es situar todos los intereses especiales en las mismas manos y radicarlos en el mismo lugar.

La centralización es una condición estructural del estado antiguo ya que la administración moderna para mi debe de ser una descentralizada donde se puedan establecer unas oficinas de enlace para que se le ayude o se les facilite tanto a la administración del municipio como a la ciudadanía los servicios que esta ofrece

La centralización es la respuesta a la necedad de reunir en un punto el conocimiento y la dirección de las personas todo por no tener que andar juntando la papelería que va saliendo de los diferentes centros de enlace. La centralización y la descentralización son partes del mismo proceso pero son polos que nunca se unen por más que se aproximan cuando se trata de descentralizar la administración que por muchos años ha sido centralizada.

La Descentralización

La descentralización en nuestro país como les hemos estado mostrando y mostraremos a lo largo de este tema que es de mucho interés para todos los que estamos cansados de hacer filas y horas perdidas esperando que nos atiendan en las oficinas centrales de nuestro municipio.

Como ya se menciona anteriormente existe la forma de centralización administrativa que es cuando los órganos se agrupan colocándose unos respecto a otros en una situación de dependencia tal que entre ellos existe un vinculo que los va ligando desde lo más importante hasta lo más bajo. A esto se le denomina como relación de jerarquía.

La relación de jerarquía consiste en una relación de dependencia que implica ciertos poderes de los organismos superiores sobre los inferiores, en cada grado de la jerarquía, hasta el presidente de la república, que es el jefe jerárquico superior de la administración pública.

La centralización administrativa seria aquella forma de organización publica en la que una sola administración, la del estado asumiera la responsabilidad de satisfacer todas las necesidades de interés general, y todas las funciones públicas necesarias para esto.

Descentralización administrativa es un tema muy distinto ya que la centralización está formada por las diversidades sociales que brotan de las costumbres, es situar todos los intereses especiales en las mismas manos y radicarlos en el mismo lugar.

La centralización es una condición estructural del estado antiguo ya que la administración moderna para mi debe de ser una descentralizada donde se puedan establecer unas oficinas de enlace para que se le ayude o se les facilite tanto a la administración del municipio como a la ciudadanía los servicios que esta ofrece

La centralización es la respuesta a la necedad de reunir en un punto el conocimiento y la dirección de las personas todo por no tener que andar juntando la papelería que va saliendo de los diferentes centros de enlace. La centralización y la descentralización son partes del mismo proceso pero son polos que nunca se unen por más que se aproximan cuando se trata de descentralizar la administración que por muchos años ha sido centralizada.

Descentralización

Para el autor olivan la descentralización administrativa es esparcir las atribuciones de la autoridad que existen en un punto distribuyéndolas ampliamente a los diferentes puntos del territorio. Es, en suma, sacar del centro único o prevaleciente las atribuciones situadas en él y distribuirlas entre los otros centros que se encuentran en el espacio territorial (Orozco).

Para otro autor como lo es Omar Orozco menciona que la centralización y la descentralización son partes del mismo proceso, polos que nunca se unen por más que se aproximan cuando se trata de un estado (Orozco).

A continuación algunos autores describirán lo que es para ellos la descentralización:

Según Rondinelli descentralización seria "la transferencia de responsabilidades de planificación, gerencial y recaudación y asignación de recursos, desde el gobierno central y sus agencias a unidades territoriales" (Finot)

Paloma y Rufián afirman que si bien desde un punto de vista exclusivamente administrativo descentralización seria la transferencia por norma legal de competencias decisorias desde una administración central a otras administraciones, lo fundamental de la descentralización seria su dimensión política, es decir, constituir una redistribución espacial del poder democrático en provecho de las comunidades locales. (Finot)

Boisier señala que la descentralización en América Latina obedece tanto al objetivo de legitimar la democracia como la necesidad de adecuarse a nuevas formas de acumulación e inserción internacional. (Finot)

Von Haldenwang según este autor el concepto de descentralización sería aplicable no solamente al sistema de legitimización política sino a otros dos, que también hacen parte de la gestión pública: el administrativo y el económico. (Finot)

Aplicando estrictamente el concepto de descentralización política, no solo se diría este tipo de descentralización cuando se transfiere competencias a órganos electos sino también cuando se lo hace a organizaciones controladas por partidos y a organizaciones locales "representativas". (Finot)

Como pudimos ver la descentralización administrativa es la distribución o mejor dicho la delegación de decisiones a las oficinas de enlace las cuales serian de mucha ayuda para la unidad central de este municipio y de todos los demás.

La descentralización de los procesos administrativos de nuestro municipio se plantea como una manera más eficiente de proveer bienes públicos que la administración centralizada no podrá satisfacer a la ciudadanía en general. La descentralización administrativa contribuirá a reducir toda la ineficiencia de los servidores púbicos que no hacen bien su trabajo.

Pero hoy en día creemos que la descentralización es la mejor opción que podemos tomar ya que es un ponto de crecimiento, fortalecimiento y de mejoramiento para el municipio y más que nada para tener la satisfacción de quedar bien con los ciudadanos que más que nada son lo más importante para nosotros los servidores públicos.

La descentralización administrativa es el paso decisivo y definitivo en pro del fortalecimiento de la administración en el municipio. La centralización gubernamental ya existe: es un componente estructural bastante bueno pero no del todo porque no tenemos la satisfacción de los ciudadanos. La descentralización administrativa es la tarea que viene a transformar y mejorar e innovar la administración pública y que se debe comenzar a realizarse para mejorar nuestra administración.

Es necesario tomar muy en cuenta la administración pública pero que sea en un sentido descentralizador ya que las cosas se pueden hacer mejor y pueden salir mejor estando descentralizados y porque el sistema centralizado que está llevando la administración pública no nos favorece.

Descentralización no es tarea nada fácil al contrario es un poco difícil pero debemos hacerlo para lograr una mejor administración pública, y también nos tenemos que poner a pensar que si no intentamos transformar la administración que ahorita tenemos siempre van a ser los mismos problemas de la ciudadanía y de los servidores públicos por que estos están acostumbrados a darle un ineficiente trato a la ciudadanía que acude por cualquier tipo de problema ya que como la administración pública es nada mas una empresa donde se prestan eso servicios pues no hacen nada en cambio si hubiera otras empresas que prestaran ese mismo servicio darían un excelente servicio pero deberían ponerse a pensar que necesitamos un buen servicio aunque no haya competencia.

La descentralización administrativa es una vía muy buena de mejorar las cosas para la transformación del municipio y esto podría ser algo radical para toda la ciudadanía por lo tanto es algo de transformación, es una innovación con una oportunidad que no podemos dejar pasar por nada del mundo.

El tema que estamos estudiando tiene en nuestros días una tendencia que es precisó valorar ya que la centralización de la administración es un tema muy polémico para toda la ciudadanía que tiene que lidiar día con día con la mala administración centralizadora.

La centralización existe cuando el conjunto de órganos administrativos esta enlazado a la dirección de un órgano central único como podemos ver que la administración de muchas ciudades básicamente para cualquier trámite tenemos que acudir a la presidencia y pues es demasiada perdedera de tiempo ya que ay que recordar y tener muy claro que hay muchísima gente que vive demasiado lejos de la presidencia y pues les es muy difícil trasladarse ya que alguna no tiene auto y pues es un poco más difícil, y es preciso recordar también como la centralización se ha justificado.

La esencia de la propuesta plantea una vigorosa redistribución de competencias estructuras y funciones así como una activa participación de las autoridades y de los sectores social y privado. Para posibilitar un proceso de descentralización y desconcentración del gobierno. Pero reservando y fortaleciendo el papel rector de la federación como decisión básica para impulsar el desarrollo del país.

Una de las tesis centrales se ubica en la transformacion y modernizacion general de las instituciones, sistemas y procedimientos publicos, como paso previo e indispensable para aselerar el desarrollo en el campo de la industria, el comercio y servicios. (Hernandez)

Podríamos mencionar también que la centralización, fue requerida como medida necesaria e insustituible para llevar a cabo la modificación de determinadas estructuras políticas y sociales.

El arrumbamiento definitivo de los esquemas gremiales y locales del antiguo régimen político fue resultado directo de la centralización. La centralización estuvo directamente unida a la voluntad general como al principio de igualdad.

En breve una pequeña explicación de lo que es descentralización y administración para saber de qué es lo que se va a tratar este capítulo el cual es descentralización

80

administrativa un tema de gran interés para muchos ciudadanos que están cansados de tanta ineficiencia del municipio.

La descentralización se podría decir que es la transferencia de toma de decisiones.

Administración de los servicios públicos

La administración de los servicios públicos es la principal actividad que corresponde a desarrollar la prestación de los servicios que eso es lo primordial para los servidores públicos y es una de las cosas que tienen que tener muy presentes los administradores públicos.

Como podemos mencionar que los regidores existen para servir al municipio y a la ciudadanía y claro que en cada municipio se podrían poner de acuerdo con algunos colaboradores para estar al pendiente de cada una de las oficinas de enlace para no tener que hacer un gasto innecesario ya que ellos están para eso para ayudar y servir a la ciudadanía.

En esta parte de la investigación nos vamos a referir al método corriente de pensamiento a partir del cual vamos a enfocar en el presente trabajo, y pues para empezar con el análisis debemos empezar por la centralización administrativa que requiere un marco conceptual previo, que nos permita ubicarnos en el tema que tratamos de resolver que es la descentralización administrativa.

La administración pública descentralizada se podría explicar cómo una serie de etapas dirigidas a obtener metas y objetivos ya predeterminados de un conjunto social, mediante el aprovechamiento de sus elementos disponibles.

Centralización: centralización administrativa que es cuando los órganos se agrupan colocándose unos respecto a otros en una situación de dependencia tal que entre ellos existe un vinculo que los va ligando desde lo más importante hasta lo más bajo. A esto se le denomina como relación de jerarquía. Y pues como podemos saber la administración centralizada tiene deficiencias y desventajas como podría mencionar que el poder se centra en un solo punto esa es una desventaja ya que nadie puede tomar decisiones sino las toma y aprueba el punto máximo y pues las servidores están atados de manos y no pueden hacer nada porque no pueden tomar decisiones de cambio.

Comenzando por la determinación del concepto o del sentido mismo del tema, situación que en definitiva, no hace sino acreditar hasta la evidencia su carácter polémico y conflictivo Como podemos ver en épocas pasadas hay contradicciones en la centralización y en la descentralización, son contradicciones interpretativas que surgían principalmente en orden al enjuiciamiento y a la valoración del tema que estamos estudiando, en este momento se podría decir que existe una idea de descentralización que en el fondo todos sabemos algunas cosas de descentralización algunas muy vagas pero otras muy certeras. Para unos autores la descentralización ya existía y pues ellos se refieren como la descentralización antigua y para ellos nosotros tenemos que aplicar la descentralización moderna en la cual vamos a cambiar drásticamente la situación de la administración ya sea gubernamental, federal o municipal el fin es que todo cambia para bien.

Las organizaciones políticas en nuestros días son una basura ya que la centralización que ellos tienen no nos sirve de nada, para ellos mucho mejor que todo se centre en un lugar así no batallan en andar recopilando la información y papelería de otras oficinas como lo podrían ser la oficinas de enlace que ayudarían a minorar el trabajo que se les acumula por toda la gente que acude a un solo lugar que es (la presidencia municipal) para hacer uno o varios trámites en un día pues deberían de preparar mejor a su equipo de trabajo ya que unas personas piden unas cosas muy diferentes a los que piden otros así que con nuestra administración descentralizada pues los servidores públicos se pondrán mejor de acuerdo para saber que papelería le van a pedir a cada ciudadano que va hacer un trámite.

La nueva descentralización se nos quiere presentar como la llave maestra con la que podremos abrir todo el futuro de nuestra organización político-administrativa: "formula políticamente esperanzadora" pero algunos insisten y reiteras que estas versiones de la descentralización que generalmente tampoco aportan en una línea auténticamente descentralizada.

83

Empezando en este punto a tratar del tema que es la descentralización que es de mucho interés tener las cosas, las ideas y los pensamientos que creemos bien en claro porque aquí trataremos de explicar y de exponer a lo largo de estas páginas el criterio que tenemos sobre la descentralización administrativa publica ya que nosotros pensamos que sería una de las mejores herramientas para el crecimiento de las ciudades, países en desarrollo para que no se queden estancados con un pensamiento centralizado que crece.

El objeto de esta investigación es establecer la forma de descentralización administrativa de las funciones públicas para lograr que los trámites administrativos se desarticulen del edificio principal de administración (presidencia municipal) y puedan llevarse a cabo a través de oficinas de enlace.

La centralización administrativa esta enlazado a la dirección de un órgano central único y esto es grave para la ciudadanía y la solución a este problema que aquejumbra a toda la ciudadanía y que es de gran interés para nosotros es el de descentralizar y ponernos a trabajar.

Principalmente hay que tener en cuenta que con este tema debemos de tener muy claro como definimos la descentralización administrativa pública municipal: y pues empezando con la descentralización que esto es la distribución de facultades de la oficina central para agilizar la administración, de allí como ya se menciono sigue la administración esta es la estructura de las organizaciones la administración es entendida como la disciplina que se encarga del maneja miento del movimiento de los servicios que se prestan a la sociedad y pues de allí nos pasamos a lo público que es lo relacionado con la sociedad y podríamos decir que la administración pública en definitiva es el enlace entre los ciudadanos y los servidores públicos.

El tema de la descentralización ha sido ampliamente discutido y se ha avanzado mucho en lo que a teoría se refiere, sin embargo no se puede decir lo mismo acerca del tema de la funcionalidad o el propósito de la descentralización, este trabajo parte bajo la premisa de que la función principal de un proceso de descentralización es procurar el desarrollo de la administración pública descentralizada, en tal sentido considero que cualquier trabajo que contribuya a un mayor y mejoramiento de la administración púbica municipal para tener en claro que es lo que le hace falta a la ciudadanía. El objetivo principal de este trabajo es brindar un pequeño aporte al estudio de la descentralización administrativa pública para brindar nuevas posibilidades a la ciudadanía.

Descentralización es el proceso de transferir autoridad en la toma de decisiones a los niveles inferiores de una organización jerárquica una organización descentralizada es lo que básicamente queremos dar a explicar con nuestro proyecto que es crear unas oficinas de enlace para descentralizar la oficina central de administración pública. Las estrategias descentralizadoras son partes integrantes de un proceso complejo que requiere reformas en sus distintas dimensiones (política, administrativa y económica) pero nosotros básicamente en este trabajo vamos a analizar la descentralización administrativa que es en la que tenemos mayor interés y que conduce al fortalecimiento del desarrollo local. Si los propósitos que se buscan son exclusivamente los de mejorar la responsabilidad de las autoridades para con los ciudadanos, con esto queremos promover una descentralización eficaz y eficiente en la mayoría de los aspectos a realizar.

Para proseguir con lo que he citado en este tema les hablare un poco de la descentralización (política, económica y administrativa):

Mencionare que la descentralización en el ámbito de lo político se podría decir que tiene como consecuencia una mayor participación por parte de la ciudadanía a la cual se le brindan servicios y como tal las decisiones que se toman acerca de su comunidad ellos tienen que participar porque es de su interés.

Bella y mítica palabra la descentralización muy frecuentemente vacía de operatividad y de contenido alguno. (Baquer). Esto que dice este autor tiene demasiada importancia y razón ya que eso es lo que afecta a la descentralización porque no hacemos nada para que se lleve a cabo para que opere la descentralización en nuestra administración central que es la que ya no queremos porque con esta descentralización vaga se hace mucha perdida en el trato hacia la ciudadanía ya que ellos tienen que hacer mucho tiempo en hacer sus trámites y de eso ya estamos cansados todos.

La descentralización que hoy en día les estamos presentando nosotros es como la principal estrategia para lograr el desarrollo y el mejoramiento de la administración pública municipal la cual queremos que no se quede aquí, queremos que traspase barreras que llegue a ser un gran proyecto en construcción y modernización para que no solo digan que quedo aquí sino que se ve en la realidad.

La descentralización administrativa obedece a una concepción política administrativa y a una técnica y modelo de organización y funcionamiento de la rama ejecutiva del poder público, la cual implica la concreción o asunción bajo un régimen de autonomía, por organismos que son personas jurídicas, de funciones propias del estado o de actividades que comportan la actuación de este en el campo de la actividad privada, o la gestión y satisfacción de necesidades regionales y locales.

Como su propio nombre lo indica, la descentralización administrativa es la descentralización de la función administrativa, pudiendo definirse como el otorgamiento de una o varias funciones o actividades administrativa a una o varias personas diferentes y ajenas a esa labor para poder agilizar los trámites y prestaciones de servicios para el bienestar de la comunidad en general. Para cumplir en nombre de la organización o dependencia con los objetivos de una dependencia sin necesidad de que estén centralizados los procesos, funciones y o actividades.

Hay tres formas diferentes de la descentralización que prácticamente se podría decir que es lo mismo pero no, se las mencionare y explicare de manera breve.

La primera es la desconcentración para muchos autores es la forma más débil de la descentralización ya que esta es la toma de decisiones que se redistribuyen hacia niveles inferiores dependientes de la misma organización central.

La segunda es la delegación que es una forma más amplia y que explica mejor la descentralización, a través de esta de delega la responsabilidad y la toma de decisiones se transfieren a organizaciones semi-autónomas no enteramente controladas por la organización central.

La tercera es la descentralización con la cual trabajare en estas cuantas cuartillas esta la autoridad para la toma de decisiones se transfiere totalmente a unidades de organización autónoma para su mejor rendimiento.

Descentralizar la vida nacional necesita algo más que una sencilla reubicación. La descentralización exige: un nuevo conjunto de comportamientos privados y públicos; una nueva red de relaciones entre nuestras comunidades y entidades. (Lemus)

Esto es para tener una mejor administración en la organización pública ya que la ciudadanía que es lo más importante para el personal administrativo del gobierno.

La autentica desconcentración es un entendimiento, una voluntad y un movimiento para incrementar las labores de gobierno; para restaurar la importancia del personal. (Lemus)

Podríamos decir que desconcentración básicamente es una de las formas de organización administrativa. La se podría decir que básicamente es delegar las facultades y responsabilidades de la organización central en beneficio de los órganos internos de la misma pero en todo caso quedan sujetas al poder jerárquico de la autoridad central. Igualmente la descentralización y desconcentración se podría decir que son casi lo mismo ya que estos dos temas mencionados anteriormente hacen que la centralización delegue y traspase facultades y responsabilidades de la organización para mejorar el servicio que brindan los servidores públicos hacia la sociedad en general que son el principal cliente.

Descentralizar debe ser un cambio simultaneo de localidad y de mentalidad. La descentralizacion debe regresar a los estados y a los municipios el maximo de las deciciones y de las inverciones. Es presiso respetar ademas las muy diferentes condiciones naturales y las identidades locales. Hay ya un claro, general y definido disentimiento. No continuar sometidos a normas procedimientos y decisiones que son tomadas muy lejos de los lugares de aplicación y sin conocer ni respetar las aspiraciones o deseos de la población. (Lemus)

Básicamente esto es lo que se debe de hacer con la administración pública centralizada ósea descentralizarla para crear una administración moderna la cual queremos que se desarticule para que así la población que vive a lo lejos tenga otras opciones más cercanas para realizar sus trámites de interés y pues nuestros disentimientos es que no estamos desacuerdo en seguir sometidos a una administración centralizadora ósea controladora queremos que se dispersen responsabilidades y facultades a oficinas de enlace para agilizar así el servicio que presta el municipio y se podrá dejar únicamente a aquellos asuntos de más relevancia y asuntos que la oficina de enlace no pueda resolver pero para que esto no pase pues se debe de capacitar muy bien al personal que se va hacer cargo de dicha oficina para que los municipios estén mejorados y modernizados con personal altamente capacitados competentes para poder solucionar uno y varios de los problemas con los que llega la sociedad a la oficina de enlace.

Se puede decir que una descentralización administrativa efectiva acerca a las instituciones públicas con la ciudadanía

90

transformando la gestión de los asuntos políticos en experiencias cotidianas e inmediatas; en este sentido la descentralización es un ámbito de reformas fundamentales para la democratización y modernización del país.

La descentralización al igual que la centralización son conceptos muy discutidos por muchos autores de estos temas y sus conceptos son muy similares porque ambos van dirigidos a la distribución de la autoridad pero con la deferencia que la descentralización distribuye la autoridad por departamentos o secciones, es decir basándose en la organización funcional.

La descentralización es un tema de mucho interés para todos los estudiantes de la administración pública porque es algo con lo que tenemos que estar trabajando día con día pero también es de gran importancia para toda la ciudadanía que vive lejos de los órganos centrales como los es la presidencia municipal donde allí se realizan varios trámites que la ciudadanía requiere pero como la ciudadanía está lejos del tales lugar donde se realizan los tramites es por eso que aquí es donde entra la descentralización administrativa municipal que básicamente la descentralización es confiar la relación de algunas actividades administrativas a órganos que guardan con la administración central una relación que no es la de jerarquía y el único carácter que se puede señalar como fundamental del régimen de descentralización es el de que los funcionarios y empleados que lo integran gozan de una autonomía orgánica y no están sujetos a los poderes jerárquicos.

Como lo podemos ver en otros países que ya están cansados de la mala administración centralizada que es la que tiene negligencia, apatía, quejumbres, lloriqueos, resignación, la falta de sentido de responsabilidad entre otras etc. También ellos al igual que nosotros queremos una administración descentralizada de éxito, cumplimiento de compromisos, competitividad, competencia y de una calidad total, etc.

Una idea básica me parece necesario recordar ahora casi no hace falta decirlo a que el tema de la descentralización con los mil matices y formulas no puede presentarse de molo aislado e independiente, forma parte del régimen político del país. La descentralización es y seguirá siendo una política global.

Modalidades De La Descentralización:

Como podremos ver que la descentralización administrativa puede encontrarse combinada con cualquiera de las clases de descentralización por la clase de persona a quien se le asigna la función descentralizada que es territorial, por servicios y por la colaboración. Es así que encontramos la descentralización administrativa territorial en la facultad de dictar acuerdos que tienen los concejos municipales, la descentralización administrativa por servicios en la facultad de los establecimientos públicos para nombrar sus propios

92

funcionarios y la descentralización administrativa por colaboración en la facultad para expedir licencias de construcción.

Se puede decir que la descentralización ha adoptado tres modalidades diferentes, que son:

* 1 - Descentralización por región.
* 2 - Descentralización por servicio.
* 3 - Descentralización por colaboración.

1 - Descentralización por región.

Consiste en el establecimiento de una organización administrativa, cuyo fin es manejar los intereses colectivos de la población radicada en determinada circunscripción territorial.

Este tipo de descentralización da oportunidad a los intereses de designar a las oportunidades que han de manejar los negocios que le sean comunes y de ejercer sobre estas un control mediante la opinión pública.

Desde el punto de vista administrativo significa la posibilidad de una gestión más adecuada de las atribuciones de los servidores públicos y una realización más adecuada de las atribuciones que corresponden al estado.

Los organismos descentralizados por región son aquellos que atienden y satisfacen las necesidades públicas de una región, como lo es el municipio.

2 – Descentralización por servicio.

El estado tiene delegada la satisfacción de necesidades de orden general, que requiere procedimientos técnicos solo al alcance de funcionarios que tengan una preparación especial. La forma de conseguir ese propósito es dar independencia al servicio y constituirle un patrimonio que sirva de base a su economía. Los organismos descentralizados por servicio son aquellos que prestan determinados servicios públicos para el bienestar de la comunidad que requiere de tales servicios.

3 – Descentralización por colaboración.

Constituye una modalidad particular del ejercicio de la función administrativa con caracteres específicos que la separan notablemente de los otros dos tipos anteriores de descentralización. Podría decir que la descentralización por colaboración se origina cuando el estado adquiere mayor injerencia en la vida privada y cuando como consecuencia se presentan problemas para cuya resolución se requiere una preparación técnica de que carecen los funcionarios políticos y los empleados administrativos de carrera. La descentralización por colaboración es una de las formas del ejercicio privado de las funciones públicas.

En estos tres tipos de descentralización no hay caracteres idénticos y uniformes, pues a diferencia la descentralización cada régimen constituye una tendencia de alcances muy variables. Sin embargo se podría decir y reconociendo todos las escalas que pueden revestirse los organismos descentralizados, la doctrina ha tratado de fijar algún carácter es fundamental para todos ellos.

La única personalidad que se puede señalar como fundamental del régimen de descentralización es el de que los funcionarios y empleados que lo integran gozan de una autonomía orgánica y no están sujetos a los poderes jerárquicos

En general la descentralización es el traspasó de responsabilidades y de recursos involucra diferentes relaciones entre la administración central y las organizaciones a las cuales se hace la transferencia.

En mi punto de vista profundo en este tema podría decir que la descentralización administrativa del municipio tendría que tener como ejemplo la modalidad de descentralización por servicio ya que eso es lo que más se acerca a como descentralizar la administración del municipio que es un caso medio difícil.

Como ya podremos haber visto en estas páginas que la descentralización por mas que no quieran implementarla podemos ver que es de gran utilidad ya que mejora la imagen que tenemos hacia las entidades públicas por que con la descentralización las entidades públicas se pueden y deberían comportar como si fueran privada ya que tienen que tratar y dar mejor servicio a sus clientes que es la ciudadanía. Al descentralizar la administración pública municipal se está creando una nueva administración de superación en muchos aspectos.

Características De La Descentralización:

El concepto de la descentralización es estudiado por varios autores; la descentralización trae consigo una serie de factores o características tales como:

Tamaño de la organización

Tipo de la organización

Tendencias económicas y políticas del país

Filosofía de la alta administración y personalidades involucradas

Competencia de los subordinados

Facilidad de la información, k permita la toma de decisiones

La descentralización se podría decir que le es favorable a toda la ciudadanía en general ya que las decisiones son tomadas por los subordinados más bajos de las organizaciones gubernamentales tales como la presidencia municipal que es la organización central del municipio.

Motivos para efectuar la descentralización tales como:

- La complejidad de los problemas: a esto podría decir que en el servicio que brinda la administración municipal no hay tanta complejidad como para que se descentralice y se pueda dar un mejor servicio.

- La demanda de los usuarios de los servicios: es muy grande ya que con tantos ciudadanos decididos a estar bien con su municipio quieren estar a la línea y pues no se puede porque si todo está en una sola oficina no se puede perder tanto tiempo esperando en una línea.

- Necesidad de mayor eficacia y eficiencia: esta necesidad es para tener más contentos y satisfechos a los ciudadanos que son la bese de este municipio.

97

Ventajas Y Desventajas

La descentralización puede tener muchísimas ventajas algunas de ellas son:

Los superiores están más cerca del punto clave, departamento o sección donde se deben tomar las decisiones, es decir que esto disminuye los atrasos, se economiza tiempo y dinero.

Se tiene satisfecha a la ciudadanía que año con año se queja del personal de dichas organizaciones por su ineficiencia al tener excesivo trabajo ya que cada año cuando las organizaciones ponen grandes planes para estar en regla con el municipio toda la gente acude a un mismo lugar y es así como se llena el lugar donde se tienen que hacer los trámites.

Aumenta la eficiencia de cada uno de colaboradores de dicha organización con el buen aprovechamiento del tiempo, la aptitud que toma cada quien junto con ello la responsabilidad que adquieren los funcionarios con esto se tiene a la ciudadanía satisfecha sin problemas a futuro.

Permite mejorar las decisiones que toma cada funcionario público, aliviando el exceso de trabajo para los jefes principales de cada área.

Se reduce considerablemente los gastos y el trámite de documentos de una oficina a otra así cada oficina tiene sus propios modos de sacar su trabajo.

Los gastos de coordinación se reducen gracias a la autonomía en las decisiones, teniendo en cuenta la estructura organizacional de la organización.

Permite formar funcionarios mas consientes de sus trabajos y de sus resultados.

Pero al igual puede tener algunas desventajas pero son más las ventajas así que es lo mejor que puede haber en alguna organización pública, las posibles desventajas son:

Falta de uniformidad en las decisiones; esto que acabo de mencionar quiere decir que las decisiones tomadas pueden tomar otro rumbo o pueden ser mal interpretadas por cada uno de los funcionarios a cargo de dicha área.

Insuficiencia en el aprovechamiento de los especialistas, ya que estos pasaran a segundo plano por que los especialistas casi siempre se encuentran ubicados en las oficinas centrales de cada organización.

La falta de equipo apropiado o de funcionarios en el campo de actividades, esto quiere decir que aunque las decisiones sean tomadas por el funcionario a cargo, la casa matriz debe conocer los resultados deseados por la organización.

La autonomía de los órganos descentralizados presuponen no estar sujetos a la administración central, esto es no estar sujetos a las decisiones jerárquicas de esta. Se equipa de personalidad jurídica y patrimonios propios a los entes descentralizados es una forma de asegurar en parte esa

100

autonomía, pero falta su autonomía económica consistentes en la libre disposición de los bienes que forman su patrimonio propio y en la aprobación y ejecución que hagan de su presupuesto sin injerencia de ninguna autoridad central.

La Administración Pública

En México la función administrativa del estado es la actividad mas importante y la lleva a cabo la administración pública, que se integra por organismos, entidades y dependencias que se encargan de las diferentes materias y ámbitos de acción que abarca; ya que nuestro sistema de gobierno tiene tres niveles federal, estatal y municipal.

A continuación diferentes autores mencionaran el concepto de administración pública:

Fraga, señala que: "el Estado realiza una función administrativa organizada de forma especial, la administración pública es el medio por el cual se cumple el fin principal del Estado, que es la satisfacción de los intereses colectivos y la Administración Pública debe entenderse desde el punto de vista formal como el organismo público que ha recibido del poder político la competencia y los medios necesarios para satisfacción de los intereses generales y que desde el punto de vista MATERIAL es la activada de este organismo considerando en sus problemas de gestión y de existencia propia tanto en sus relaciones como otros organismos semejantes como con los particulares para asegurar la ejecución de su misión".[7]

---

[7] Calderón Morales, Pág. 6.

Para el autor Hugo Calderón, la administración pública es: "El conjunto de Órganos Administrativos que desarrollan una actividad para el logro de un fin (Bienestar General), a través de los Servicios Públicos (que es el medio de que dispone la Administración Pública para lograr el Bienestar General), regulado en su estructura y funcionamiento, normalmente por el Derecho Administrativo".[8]

La administración pública es "el conjunto de actividades del gobierno y de las autoridades Descentralizadas ajenas a la conducción de las relaciones internacionales y de las relaciones entre los poderes públicos ejercidas bajo el régimen de poder público".[9]

La administración pública o ciencia de la administración, es la ciencia de las relaciones entre la comunidad y los individuos y de los medios de conservación de esas mismas relaciones por la acción de las leyes y los magistrados sobre las personas y sus propiedades."[10]

Entonces podemos decir que administración pública, sus órganos y entidades son el medio por el cual el Estado ejecuta su actividad, demostrando un doble aspecto, el primero como sujeto que son órganos constituidos unidos por

[8] Calderón Morales, Pág. 10.
[9] George Vedel
[10] Charles Jon Bonnin, fundador y padre de la ciencia de la administración.

relaciones de jerarquía y coordinación y segundo como el objeto que es la labor orientada al cumplimiento del fin primordial que es el bien común, es decir la administración pública es la principal actividad que corresponde desarrollar al poder ejecutivo para la prestación y el cumplimiento adecuado de los servicios públicos.

La Administración pública como disciplina cotidiana obliga a los especialistas de la actividad gubernamental a participar de una manera más completa con nuevas aptitudes y con nuevas actitudes, para que así tengan un mejor desarrollo en las actividades que les corresponda cumpliendo con el único objetivo de la administración que es la satisfacción de las necesidades de la sociedad.

La administración pública es necesaria atenderla de una manera más científica para atenderla mejor se hace más visible la capacidad del administrador competente, algunos criterios que le permitan eficientar su actividad profesional.

Algunos de estos principios sugieren que sean analizados con toda profundidad, ya que se deberán aplicar en casos específicos y según las necesidades de la esfera gubernamental a la que se pertenezca, dichos principios se deben aplicar dependiendo de las necesidades del municipio, el estado o la federación.

Organización de la Administración Pública

La administración pública es la principal actividad que corresponde desarrollar al poder ejecutivo para la prestación de los servicios públicos, por lo que en nuestro país esta previsto por al Art. 80 de la Constitución de los Estados Unidos Mexicanos, un supremo Poder Ejecutivo de la Unión, mismo que se deposita en un solo individuo al que se le denomina como Presidente de los Estados Unidos Mexicanos. El presidente cuenta con entidades administrativas que le ayudaran para el cumplimiento y desarrollo de la actividad administrativa, y que dependerán de el directa o indirectamente ya que la organización se hace de manera jerárquica, siendo el presidente de la republica quien encabeza la organización.

El artículo 90 de la carta magna dispone que la administración pública federal será centralizada y paraestatal conforme a la ley orgánica que expide el congreso. En esa ley orgánica se distribuyen los negocios del orden administrativos y defina las bases generales de la creación de las entidades paraestatales y la intervención del ejecutivo federal en su operación.

Así pues, en el sistema jurídico positivo mexicano, es la ley orgánica de la administración pública federal, la obra legislativa que consagra las bases para la organización de la administración pública federal centralizada.

Sin embargo, la doctrina reconoce que las dependencias que auxilian al poder ejecutivo para el desempeño de la actividad administrativa y la prestación del servicio público es necesario llevar a cabo los principios básicos que son: centralización, descentralización y desconcentración.

CENTRALIZACIÓN

La centralización administrativa se da cuando los órganos se agrupan colocándose unos respecto a otros en una situación de dependencia, tal que entre todos ellos existe un vínculo que, partiendo del órgano situado en el más alto grado de ese orden, los vaya ligando hasta el órgano de inferior categoría, a través de diversos grados en los que existen ciertas facultades, con la finalidad de que exista una organización y coordinación entre los entes que conforman la administración pública centralizada por medio de un órgano jerárquico por medio del cual se cumplan de manera responsable, organizada, eficaz y eficientemente con las actividades administrativas siendo el único fin el cumplimiento y mejoramiento de dichas actividades para así poder atender las necesidades e inquietudes de la sociedad.

La relación jurídica que liga a los diversos órganos se denomina relación jerarquía, la cual consiste en una

106

relación de dependencia que implica ciertos poderes de los órganos superiores sobre los inferiores, en cada grado de la jerarquía, hasta el Presidente de la República, que es el jefe jerárquico superior de la administración pública. Es decir los órganos administrativos de la administración centralizada dependen directamente e inmediatamente del titular del poder ejecutivo, que en este caso es el presidente de la republica.

Según algunos escritores dan el concepto de centralización administrativa:

Dromi: "la centralización administrativa o administración directa tiene lugar cuando el conjunto de competencias administrativas se concentran en uno o más órganos superiores de la Administración que reúnen las facultades de decisión. Presupone un proceso de unificación, de coerción, de elementos que se concentran en torno a un órgano central que absorbe a los órganos locales".

Según Dromi la centralización administrativa se concentra en un solo órgano, que es el presidente de la republica, y el cual se auxilia de otros entes administrativos para el cumplimiento de las funciones administrativas.

Acosta Romero: "La centralización es la forma de organización administrativa en las cuales las unidades, órganos de la administración pública, se ordenan y acomodan articulándose bajo un orden jerárquico a partir del

Presidente de la República, con el objeto de unificar las decisiones, el mando, la acción y la ejecución. La centralización administrativa implica, la unidad de los diferentes órganos que la componen y entre ellos existe un acomodo jerárquico de subordinación frente al titilar del Poder Ejecutivo".

Godínez Bolaños: "Este sistema consiste en ordenar los órganos de administración Estatal, bajo un orden jerárquico rígido. La decisión y la dirección le corresponden al órgano supremo de gobierno, colocado en primer grado o cúspide de la escala jerárquica. Puede ser denominado de varias formas: Presidente, Premier, Junta de Gobierno, Soberano, etc. Los otros órganos administrativos se encuentran subordinados y cumplen órdenes que siempre emanan del superior, ejecutándolas sin poder deliberar o cuestionarlas y sin tener mayor ámbito de decisión, sobre todo en que se refiere a materia de gobierno política".

Serra Rojas: "El régimen que establece la subordinación unitaria, coordinada y directa de los Órganos Administrativos al Poder Central, bajo los diferentes puntos de vista del nombramiento, ejercicio de sus funciones y tutela jurídica, para satisfacer las necesidades públicas".

Fraga: "La centralización administrativa existe cuando los órganos se encuentran colocados en diversos niveles pero todos en una situación de dependencia en cada nivel hasta llegar a la cúspide en que se encuentra el jefe supremo de la Administración Pública" [11]

La administración pública centralizada se organiza de manera jerárquica, es decir la cabeza de el órgano administrativo es el presidente de la republica, el cual tiene subordinados que lo auxilian en las actividades administrativas de manera mas eficiente, eficaz y organizada para que así se puedan cumplir con las necesidades que tenga cada uno de los integrantes de la sociedad.

Cada órgano administrativo tiene su propia competencia, aunque en la cúspide jerárquica se encuentre el titular del ejecutivo, y dependa directamente o indirectamente de él, con la finalidad de unificar las decisiones, el mando, la acción y la ejecución de las disposiciones para el mejor funcionamiento de la administración pública.

Características de la centralización administrativa:

- La Administración centralizada concentra el poder en un punto geográfico en específico: la administración

---

[11] Calderón Morales, Hugo Haroldo, **Derecho Administrativo I**, Pág. 213.

centralizada se encuentra establecido en centro del país; es decir en la capital del país donde se está establecida la máxima autoridad.

- Las decisiones las toma una sola persona: al momento de existir una jerarquía dentro del órgano administrativo solo una persona es quien toma las decisiones, en este caso es el presidente de la republica, unificando las decisiones conforme a las necesidades y prioridades que existen en la sociedad y en el mismo órgano administrativo para así poder cumplir con eficiencia cada una de las insuficiencias existentes haciendo que la administración pública funcione y actué de manera responsable y organizada frente a las problemáticas de la sociedad dando una pronta solución a estas.

- Es la principal forma administrativa. La centralización es la forma en cómo está organizada la administración pública, y es de una forma jerárquica que al frente se encuentra el titular del ejecutivo el cual cuanta con órganos administrativos para auxiliarlo en las actividades administrativas para el buen funcionamiento de esta y sobre todo para el cumplimiento de las necesidades de la sociedad.

- El presidente de la república es la máxima autoridad: existe un Superior jerárquico, que es el más alto grado dentro de la pirámide de la escala, que es el Presidente de la República el cual esta frente al órgano administrativo.

- Absoluta jerarquización: Existe la relación de subordinación de los órganos administrativos, que pertenecen a la jerarquía administrativa del organismo ejecutivo conformado por el presidente de la republica, las secretarias de estado, consejería jurídica y departamentos administrativos los cuales tienen sus propias facultades y obligaciones.

- Posibilidad de nombramiento y remoción: el presidente como máxima autoridad es quien decide a quien nombra y en su caso si es necesario si remueve de algún puesto y nombra al titular de este mismo.

Elementos de la centralización

Los elementos de la centralización son cinco: la unidad, la jerarquización, el control, potestad de revisión y la facultad de dirimir competencias.

1) La unidad de mando: inicia en el vértice de la pirámide jerárquica, que es el Presidente de la República y termina con el último de los empleados del Organismo Ejecutivo. Es la forma en cómo está constituido el órgano administrativo desde el titular de la administración hasta los empleados que se encuentran en la base de la pirámide.

2) La jerarquía: como el elemento de la centralización, lógicamente se establece con las relaciones de subordinación que existe dentro de los órganos de la administración y que es su base principal.

3) El control: lo ejerce quien está en la cúspide, es decir el presidente de la republica quien es el titular del ejecutivo y es una de las potestades de la jerarquía.

4) La potestad de revisión de la actuación de los subordinados por el órgano superior.

5) La facultad de decidir la competencia.

VENTAJAS Y DESVENTAJAS DE LA CENTRALIZACIÓN

Ventajas de la centralización:

a. Las decisiones son tomadas por una sola persona, la cual tiene la capacidad y sobre todo un enfoque global de los objetivos, planes y sobre todo de la problemática que existe, es decir de las necesidades que existen dentro de la misma administración pública y sobre todo de la sociedad.

b. La administración pública centralizada funciona de manera jerárquica por lo que después del representante del ejecutivo están los directores de cada secretaria lo cual posibilita que la estructura funcione con pocos jefes los cuales están situados en los niveles más altos de dirección, por lo que son capaces de tomar decisiones, son personas capacitadas, con actitud y aptitud para la solución de problemas así como para implementar nuevas estrategias para la solución de estos.

c. Las decisiones son tomadas de acuerdo a las necesidades de las necesidades de la sociedad y de los objetivos de la administración pública, y de cada órgano administrativo.

d. Elimina la multiplicación de esfuerzos ya que cada quien sabe lo que tiene que hacer de acuerdo al puesto que ocupa y las insuficiencias que existen dentro de ente administrativo para así cumplir con los planes y objetivos establecidos.

e. Existe un equilibrio en la toma de decisiones como en la aplicación de las políticas y métodos para el mejor desempeño de cada uno de los integrantes del órgano administrativo para que así existan mejores resultados.

Desventajas de la centralización:

a. La principal desventaja es que existe una injustificación de la centralización, es decir que está en duda la complejidad de su estructura, así como la capacidad de la administración de controlar la estructura burocrática.

b. Como ya sabemos que la forma de organizarse de la administración centralizada es jerárquicamente, por lo cual no permite el desarrollo de los niveles más bajos de la organización, por lo que los empleados de menor rango tiene muy pocas posibilidades de desarrollarse profesionalmente y poder subir de puesto.

c. Puede ocasionar retardas en la llegada de la ubicación a los niveles inferiores, además en la capacitación de estos para su mejor desempeño de acuerdo a sus obligaciones, por lo que en ocasiones no se toman las mejores decisiones con respecto a un nivel determinado porque las mismas carecen del conocimiento directo del que realiza el trabajo.

d. El mayor trabajo lo hacen los empleados de menor rango, ya que los directivos solo se encargan de revisar, analizar y tomar las decisiones de acuerdo al trabajo presentado por los empleados.

e. Disminuye la motivación debido a la poca participación en las decisiones por los niveles inferiores, además que no se les reconoce su trabajo como debe ser siendo pocas las posibilidades de éxito con respecto a la necesidad personal de sobresalir en su trabajo y ser reconocido por los demás.

En México, el régimen centralizado, constituye la forma principal de la organización administrativa. Su estudio viene a ser el de la organización del Poder Ejecutivo, en cuyas manos se concentra principalmente la mayor parte de la función administrativa

La centralización administrativa es la forma fundamental en la cual se encuentran organizadas las entidades públicas de carácter administrativo. La principal cualidad de la

117

centralización administrativa, es que las entidades centralizadas se encuentran relacionadas entre sí por un vínculo jerárquico constante.

En la administración pública centralizada la principal característica es que la organización administrativa se da de manera jerárquica, y para que exista una relación subordinada existen diferentes poderes para que se de dicha correlación:

1. Poder de decisión: esta potestad implica que el superior puede tomar resoluciones para señalar en qué sentido habrá de actuar el órgano o funcionario subordinado, es decir cuáles serán sus facultades y sus obligaciones para así poder cumplir con las actividades administrativas en la mejor forma posible.

2. Poder de nombramiento: el superior puede evaluar la aptitud de los candidatos o solicitantes a un empleo pública y seleccionar al que considere más capaz mediante el otorgamiento del nombramiento respectivo, con lo que se establece una relación laboral entre el estado y el servidor público. El presidente de la republica es el encargado de designar a los empleados subalternos conforme a la ley, y en caso de ser trabajadores de confianza, los puede remover libremente según sus conveniencias y necesidades.

3. Poder de mando: es la facultad que tiene el titular del órgano administrativo para ordenar al inferior en qué sentido debe conducirse respecto a sus obligaciones y facultades según la ley y sobre los asuntos relacionados con las actividades administrativas para el mejor funcionamiento de la administración publica.

4. Poder de revisión: el presidente de la republica tiene la facultad de revisar y examinar el trabajo de los subordinados con la finalidad de saber si esta realizando su trabajo, como lo esta haciendo y en el caso de que este mal puede   corregirlos o cancelarlos. El objetivo del poder de revisión es saber si se están cumplimento adecuadamente los planes y objetivos, en que se esta fallando, cuales pueden ser las posibles soluciones, así   como también cuales han sido las metas que se han obtenido.

5. Poder de vigilancia: esto implica el control mediato o inmediato de la actuación del órgano inferior o del servidor público subalterno, inspeccionar su actuación con el fin de verificar que sea conforme a

derecho para así saber si se esta cumpliendo con lo establecido.

6. Poder disciplinario: es la posibilidad de sancionar el incumplimiento o el cumplimiento no satisfactorio de las tareas que el servidor público tiene asignadas.

7. Poder para resolver conflictos de competencia: cada subordinado tiene sus propias obligaciones y tareas que se deben cumplir.

En la cúspide de la administración pública centralizada se encuentra el Presidente de la República y subordinados a él se localizan todos aquellos órganos públicos inferiores.

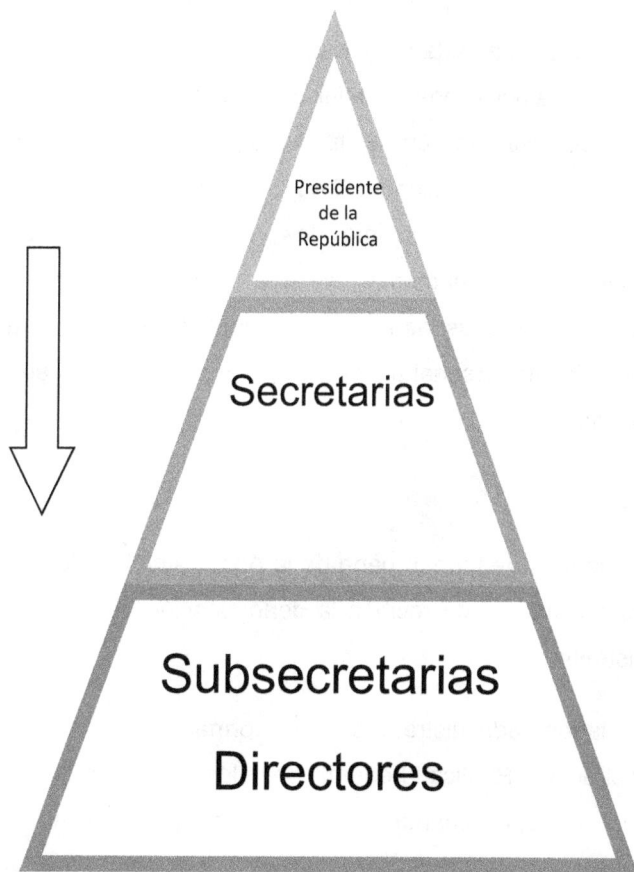

La figura anterior nos muestra cómo se organiza estructuralmente la administración centralizada, y como ya hemos mencionado anteriormente en la cúspide se encuentra el presidente de la republica quien se encarga de tomar las decisiones, sin embargo cuenta con equipo de trabajo al que se le llama gabinete y lo conforma cada uno de los secretarios de estado y estos auxilian a la máxima autoridad a las actividades administrativas que a cada uno le corresponde con la única finalidad de satisfacer las necesidades de la sociedad. Después se encuentran los subsecretarios y por último los directores de cada dependencia gubernamental y que estos auxilian al cumplimiento de todas las actividades administrativas y a su vez estos tienen personal a su cargo para el manejo de cada dependencia.

Las entidades que forman parte de la Administración Pública Central o Centralizada reciben la denominación de órganos administrativos.

Los órganos administrativos que forman parte de la Administración Pública Federal son las Secretarías de Estado; los Departamentos Administrativos y la Consejería Jurídica:

a. Secretarias de estado: en México el poder ejecutivo tiene la facultad de nombrar a su gabinete; es decir el presidente de la republica nombra a su equipo de trabajo los cuales son nombrados titulares de una secretaria de estado que tienen a su cargo un ramo de la administración pública   con la finalidad de llevar a cabo sus atribuciones y funciones para el cumplimiento de las necesidades de la sociedad.

La organización y funcionamiento de las secretarias de estado están establecidos en la ley orgánica de la administración pública federal.

b. Departamentos administrativos: Los departamentos administrativos son dependencias de carácter técnico - administrativo encargadas de prestar la asesoría y demás funciones y servicios especializados que requiera la administración departamental.

Son dependencias que a iniciativa del gobernador son creados por Ordenanza o autorizados por ésta, encargados de cumplir funciones y prestar servicios departamentales y/o nacionales conforme a la Ley, las legislaciones y los decretos, reglamentos y convenios del Gobierno Nacional o departamental de ejercer la tutela gubernamental sobre las entidades descentralizadas que les estén adscritas o vinculadas.

c. Consejería jurídica: Es la dependencia de la Administración Pública Federal que tiene a su cargo revisar y validar los decretos, acuerdos y demás instrumentos jurídicos que se sometan a consideración del Presidente de la República, así como los proyectos de iniciativas de ley que el Titular del Ejecutivo presenta al Congreso de la Unión, cuidando que estos, en su contenido y forma, están apegados a la Constitución y las Leyes que de ella emanen.

El poder ejecutivo está organizado en un conjunto de diversas instituciones que forman la Administración Pública Federal. A su vez, esta última está clasificada en dos grandes grupos con características y propósitos bien diferenciados.

En el primer grupo están las dependencias de la administración centralizada, que se integra por 17 secretarías de Estado y la Consejería Jurídica del Ejecutivo Federal, y cuyas atribuciones están consignadas en la Ley Orgánica de la Administración Pública Federal.

Fundamento legal

Para que la administración pública centralizada tenga un mejor funcionamiento, esta es regida por la ley y que es necesario conocer para así llevarlo a cabo bajo los lineamientos y leyes establecidas, por lo que a continuación se conoceremos el fundamento legal sobre la administración centralizada.

Artículo. 90.- La Administración Pública Federal será centralizada y paraestatal conforme a la Ley Orgánica que expida el Congreso, que distribuirá los negocios del orden administrativo de la Federación que estarán a cargo de las Secretarías de Estado y Departamentos Administrativos y definirá las bases generales de creación de las entidades paraestatales y la intervención del Ejecutivo Federal en su operación.

Las leyes determinarán las relaciones entre las entidades paraestatales y el Ejecutivo Federal, o entre estas y las Secretarías de Estado y Departamentos Administrativos.

Articulo. 91.- Para ser secretario del Despacho se requiere: ser ciudadano mexicano por nacimiento, estar en ejercicio de sus derechos y tener treinta años cumplidos.

Articulo. 92.- Todos los Reglamentos, Decretos, Acuerdos y Ordenes del Presidente deberán estar firmados por el Secretario de Estado o Jefe de Departamento Administrativo a que el asunto corresponda, y sin este requisito no serán obedecidos.

Articulo. 93.- Los Secretarios del Despacho y los Jefes de los Departamentos Administrativos, luego que esté abierto el período de sesiones ordinarias, darán cuenta al Congreso, del estado que guarden sus respectivos ramos.

Cualquiera de las Cámaras podrá citar a los secretarios de estado, al Procurador General de la República, a los jefes de los departamentos administrativos, así como a los directores y administradores de los organismos descentralizados federales o de las empresas de participación estatal mayoritaria, para que informen cuando se discuta una ley o se estudie un negocio concerniente a sus respectivos ramos o actividades.

Las Cámaras, a pedido de una cuarta parte de sus miembros, tratándose de los diputados, y de la mitad, si se trata de los Senadores, tienen la facultad de integrar comisiones para investigar el funcionamiento de dichos organismos descentralizados y empresas de participación estatal mayoritaria. Los resultados de las investigaciones se harán del conocimiento del Ejecutivo Federal.''[12]

''De la Administración Pública Centralizada

---

[12] Constitución política de los Estados Unidos Mexicanos, pág. 109.

126

Artículo 1o.- La presente Ley establece las bases de organización de la Administración Pública Federal, centralizada y paraestatal.

La Presidencia de la República, las Secretarías de Estado, los Departamentos Administrativos y la Consejería Jurídica del Ejecutivo Federal, integran la Administración Pública Centralizada.

Artículo 2o.- En el ejercicio de sus atribuciones y para el despacho de los negocios del orden administrativo encomendados al Poder Ejecutivo de la Unión, habrá las siguientes dependencias de la Administración Pública Centralizada:

I.- Secretarías de Estado;

II.- Departamentos Administrativos, y

III.- Consejería Jurídica.

Artículo 4o.- la función del consejero jurídico, prevista en el apartada A del artículo 102 de la constitución política de los estados unidos mexicanos, estará a cargo de la consejería del ejecutivo federal. Al frente de la consejería jurídica habrá un consejero que dependerá directamente del presidente de la republica, y será nombrado y removido libremente por este. Para ser consejero jurídico se deben cumplir los mismos requisitos que para ser procurador general de la republica.

A la consejería jurídica del ejecutivo federal le serán aplicables las disposiciones sobre presupuesto, contabilidad y gasto público federal, así como las demás que rigen a las dependencias ejecutivo federal. En el reglamento interior de la consejería se determinaran las atribuciones de las unidades administrativas, así como la forma de cubrir las ausencias y delegar facultades.

De las Secretarías de Estado y los Departamentos Administrativos

Artículo 10.- Las Secretarías de Estado y los Departamentos Administrativos tendrán igual rango, y entre ellos no habrá, por lo tanto, preeminencia alguna.

Artículo 11.- Los titulares de las Secretarías de Estado y de los Departamentos Administrativos ejercerán las funciones de su competencia por acuerdo del Presidente de la República.

Artículo 12.- Cada Secretaría de Estado o Departamento Administrativo formulará, respecto de los asuntos de su competencia, los proyectos de leyes, reglamentos, decretos, acuerdos y órdenes del Presidente de la República.

Articulo 13.- Los Reglamentos, decretos y acuerdos expedidos por el Presidente de la República deberán, para su validez y observancia constitucionales ir firmados por el Secretario de Estado o el Jefe del Departamento

128

Administrativo respectivo, y cuando se refieran a asuntos de la competencia de dos o más Secretarías o Departamentos, deberán ser refrendados por todos los titulares de los mismos.

Tratándose de los decretos promulgatorios de las leyes o decretos expedidos por el Congreso de la Unión, sólo se requerirá el refrendo del titular de la Secretaría de Gobernación.

Artículo 14.- Al frente de cada Secretaría habrá un Secretario de Estado, quien para el despacho de los asuntos de su competencia, se auxiliará por los Subsecretarios, Oficial Mayor, Directores, Subdirectores, Jefes y Subjefes de Departamento, oficina, sección y mesa, y por los demás funcionarios que establezca el reglamento interior respectivo y otras disposiciones legales.

En los juicios de amparo, el Presidente de la República podrá ser representado por el titular de la dependencia a que corresponde el asunto, según la distribución de competencias. Los recursos administrativos promovidos contra actos de los Secretarios de Estado serán resueltos dentro del ámbito de su Secretaría en los términos de los ordenamientos legales aplicables.

Articulo 16.- Corresponde originalmente a los titulares de las Secretarías de Estado y Departamentos Administrativos el trámite y resolución de los asuntos de su competencia, pero para la mejor organización del trabajo podrán delegar en los funcionarios a que se refieren los artículos 14 y 15, cualesquiera de sus facultades, excepto aquellas que por disposición de ley o del reglamento interior respectivo, deban ser ejercidas precisamente por dichos titulares. En los casos en que la delegación de facultades recaiga en jefes de oficina, de sección y de mesa de las Secretarías de Estado y Departamentos Administrativos, aquéllos conservarán su calidad de trabajadores de base en los términos de la Ley Federal de los Trabajadores al Servicio del Estado.

Los propios titulares de las Secretarías de Estado y Departamentos Administrativos también podrán adscribir orgánicamente las unidades administrativas establecidas en el reglamento interior respectivo, a las Subsecretarías, Oficialía Mayor, y a las otras unidades de nivel administrativo equivalente que se precisen en el mismo reglamento interior.

Los acuerdos por los cuales se deleguen facultades o se adscriban unidades administrativas se publicarán en el Diario Oficial de la Federación.

Artículo 17.- Para la más eficaz atención y eficiente despacho de los asuntos de su competencia, las Secretarías de Estado y los Departamentos Administrativos podrán contar con órganos administrativos desconcentrados que les estarán jerárquicamente subordinados y tendrán facultades específicas para resolver sobre la materia y dentro del ámbito territorial que se determine en cada caso, de conformidad con las disposiciones legales aplicables.

Articulo 18.- En el reglamento interior de cada una de las Secretarías de Estado y Departamentos Administrativos, que será expedido por el Presidente de la República, se determinarán las atribuciones de sus unidades administrativas, así como la forma en que los titulares podrán ser suplidos en sus ausencias.

Articulo 19.- El titular de cada Secretaría de Estado y Departamento Administrativo expedirá los manuales de organización, de procedimientos y de servicios al público necesarios para su funcionamiento, los que deberán contener información sobre la estructura orgánica de la dependencia y las funciones de sus unidades administrativas, así como sobre los sistemas de comunicación y coordinación y los principales procedimientos administrativos que se establezcan. Los manuales y demás instrumentos de apoyo administrativo interno, deberán mantenerse permanentemente actualizados. Los manuales de organización general deberán publicarse en el Diario Oficial de la Federación. En cada una de las dependencias y entidades de la Administración Pública Federal, se mantendrán al corriente los escalafones de los trabajadores y se establecerán los sistemas de estímulos y recompensas que determine la ley y las condiciones generales de trabajo respectivas.

Artículo 20.- Las Secretarías de Estado y los Departamentos Administrativos establecerán sus correspondientes servicios de apoyo administrativo en materia de planeación, programación, presupuesto, informática y estadística, recursos humanos, recursos materiales, contabilidad, fiscalización, archivos y los demás que sean necesarios, en los términos que fije el Ejecutivo Federal.

Artículo 21.- El Presidente de la República podrá constituir comisiones intersecretariales, para el despacho de asuntos en que deban intervenir varias Secretarías de Estado o Departamentos Administrativos.

Las entidades de la administración pública paraestatal podrán integrarse a dichas comisiones, cuando se trate de asuntos relacionados con su objeto.

Las comisiones podrán ser transitorias o permanentes y serán presididas por quien determine el Presidente de la República.

Articulo 23.- Los Secretarios de Estado y los Jefes de los Departamentos Administrativos, una vez abierto el período de sesiones ordinarias, darán cuenta al Congreso de la Unión del estado que guarden sus respectivos ramos y deberán informar, además, cuando cualquiera de las Cámaras los cite en los casos en que se discuta una ley o se estudie un negocio concerniente a sus actividades. Esta última obligación será extensiva a los directores de los organismos descentralizados y de las empresas de participación estatal mayoritaria.

Articulo 24.- En casos extraordinarios o cuando exista duda sobre la competencia de alguna Secretaría de Estado o Departamento Administrativo para conocer de un asunto determinado, el Presidente de la República resolverá, por conducto de la Secretaría de Gobernación, a qué dependencia corresponde el despacho del mismo.

Articulo 25.- Cuando alguna Secretaría de Estado o Departamento Administrativo necesite informes, datos o la cooperación técnica de cualquier otra dependencia, ésta tendrá la obligación de proporcionarlos, atendiendo en lo correspondiente a las normas que determine la Secretaría de la Contraloría General de la Federación.

CAPITULO II

De la competencia de las Secretarías de Estado, Departamentos Administrativos y Consejería Jurídica del Ejecutivo Federal

Articulo 26.- Para el despacho de los asuntos del orden administrativo, el Poder Ejecutivo de la Unión contará con las siguientes dependencias:

Secretaría de Gobernación

Secretaría de Relaciones Exteriores

Secretaría de la Defensa Nacional

Secretaría de Marina

Secretaría de Seguridad Pública

Secretaría de Hacienda y Crédito Público

Secretaría de Desarrollo Social

Secretaría de Medio Ambiente y Recursos Naturales

Secretaría de Energía

Secretaría de Economía

Secretaría de Agricultura, Ganadería, Desarrollo Rural, Pesca y Alimentación

Secretaría de Comunicaciones y Transportes

Secretaría de la Función Pública

Secretaría de Educación Pública

Secretaría de Salud

Secretaría del Trabajo y Previsión Social

Secretaría de la Reforma Agraria

Secretaría de Turismo

Consejería Jurídica del Ejecutivo Federal''[13]

Artículo 1o.- la ley orgánica establece las bases de la organización del poder ejecutivo del estado de chihuahua y comprende la administración centralizada y paraestatal.

Artículo 2o.- dice que en el ejercicio de las atribuciones y para el despacho de los negocios del orden administrativo el poder ejecutivo del estado, habrá las siguientes dependencias de la administración pública centralizada:

I. Secretarias de gobierno

II. La procuraduría general de justicia

III. Las direcciones generales; y

IV. Las unidades de apoyo y asesoría adscritas directamente al ejecutivo.

Artículo 3o.- dice que el poder ejecutivo se auxiliara en los términos de las disposiciones legales correspondientes, de

---

[13] Ley orgánica de la administración pública.

las siguientes entidades de la administración pública paraestatal:

I. Organismos descentralizados

II. Empresas de participación estatal

III. Fideicomisos

Artículo 24.- para el estudio, planeación y despacho de los negocios del orden administrativo, el poder ejecutivo del estado contara con las siguientes dependencias:

Secretaria general de gobierno

Secretaria de administración y finanzas

Secretaria de fomento económico

Secretaría de desarrollo social

Secretaría de comunicaciones y obras publicas

Secretaría de desarrollo urbano y ecología

Secretaria de fomento industrial

Secretaria de educación y cultura

Procuraduría general de justicia

Secretaría de desarrollo rural"[14]

Artículo 1o.- el presente reglamento tiene por objeto normar la estructura y funcionamiento de las dependencias de la administración pública del municipio de Juárez, estado de chihuahua; para el despacho de los asuntos de su competencia, delimitar sus atribuciones y ámbito de acción; y se fundamenta en lo dispuesto por los artículos 115 de la constitución política de los estados unidos mexicanos; 30 y 138 de la constitución política del estado libre y soberano de chihuahua; y 29,45, 47 fracción II y 60 del código municipal para el estado de chihuahua.

Artículo 2o.- el ejercicio de la administración pública municipal corresponde al presidente municipal, con las atribuciones y funciones que le señala la constitución política del estado, el código municipal, el presente reglamente y las demás disposiciones dadas en las leyes, reglamentos, decretos, acuerdos, ordenanzas, y disposiciones que le competan.

Artículo 5o.- para el estudio, planeación y despacho de las diversas ramas de la administración, el municipio contaran con las siguientes dependencias:

---

[14] Ley orgánica del poder ejecutivo del estado de Chihuahua

137

Secretaria

Tesorería

Secretaría de seguridad pública y protección ciudadana

Dirección general de transito

Dirección general de obras públicas y desarrollo urbano

Dirección general de servicios públicos

Oficialía mayor

Contraloría

Dirección general de ecología y protección civil

Dirección general de promoción financiera y económica

Dirección general de asentamientos humanos

Dirección general de desarrollo social

Dirección general de educación y cultura

Dirección general de centros comunitarios y forestación

Dirección general del deporte

Artículo 7o.- las dependencias establecidas en este reglamento, deberán dar cumplimiento a los programas, objetivos y metas que se deriven del plan de desarrollo municipal aprobado por el ayuntamiento.

Los titulares de las dependencias organizaran con base en el contenido de los manuales de organización aprobados por el ayuntamiento; y atenderán el despacho de los asuntos de su competencia de acuerdo a los manuales de procedimientos que, a propuesta del presidente, autorice el ayuntamiento.

Las dependencias formularan con base en la normatividad y metodología vigentes su programa anual y calendario de actividades, y se encargaran de desarrollar las mismas dentro de los limites que establezca el presupuesto anual de egresos, por lo que su actividad se conducirá bajo criterios de racionalidad y disciplina presupuestal. Sus titulares serán responsables del adecuado ejercicio y control del presupuesto autorizado para su dependencia.

Artículo 8o.- las dependencias están obligadas a coordinarse entre sí y a proporcionar la información necesaria cuando el ejercicio de sus funciones así lo requieran para conseguir la máxima eficacia de la administración."[15]

---

[15] Reglamento Orgánico de la Administración Pública del Municipio de Juárez, Estado de Chihuahua.

La administración Centralización es la concentración sistemática y consistente, así como la reserva de la autoridad y responsabilidad en un nivel jerárquico en particular, con el fin de reunir en una sola persona a cargo el poder de tomar decisiones y coordinar las acciones en un determinado ámbito de acción.

La administración pública centralizada se basa principalmente en la organización administrativa jerarquizada la cual esta encabezada por el presidente de la república el cual es quien tiene la autoridad y responsabilidad de tomar las decisiones acerca de las actividades administrativas las cuales son apoyadas y auxiliadas por órganos o entes administrativos que tienen sus propias facultades y obligaciones establecidas en la ley. Cada subordinado o servidor publico es elegido por según la ley y las aptitudes y actitudes que tenga para el puesto que se desea cubrir.

La centralización tiene sus ventajas y desventajas, como ya sabemos su forma de organización es de forma jerárquica por lo que las decisiones las toma el que esta en la cúspide es decir el representante del ejecutivo el cual debe de tener la capacidad de tener una visión de los problemas que existen dentro del órgano administrativo y sobre todo de la sociedad, y para esto están los entes administrativos o las direcciones las cuales cada una de ellas se encargan de auxiliar para el cumplimiento de los diferentes planes, objetivos y asuntos para así tomar las mejores decisiones tanto para el órgano administrativo y la sociedad de acuerdo a las necesidades de cada uno, estableciendo un plan de trabajo y estrategias para así dar solución a las problemáticas o a su vez al desarrollo del país en todos los aspectos. Sin embargo la centralización también tiene sus contras ya que la principal desventaja es que realmente no existe una estructura fuerte para controlar y evitar que exista la burocracia dentro de los entes gubernamentales haciendo que la sociedad tenga más trabas para la realización de algún trámite, así como también existe una problemática dentro de la misma organización y con los empleados de menor rango que es la falta de oportunidades para desarrollarse profesionalmente además no existe motivación por parte de los niveles superiores por lo que esto puede ser una de las tantas causantes de las fallas y que da origen a la burocracia y el poco profesionalismo de los empleados hacia la sociedad y su propio desempeño.

Otra problemática existente en esta forma de organización es que existe una comunicación muy limitada entre los empleados de menor rango y los de mayor rango, no existe tal comunicación ya que los que realmente hacen todo el trabajo y los que realmente saben cuáles son las necesidades y problemáticas existentes dentro del órgano administrativo y de la sociedad son los de menor rango por lo que los directivos solo se encargan de tomar las decisiones.

Diciembre 2013

BIBLIOGRAFIAS

http://www.inap.org.mx/portal/images/REVISTA_A_P/rap120.
pdf

http://pdba.georgetown.edu/Security/citizensecurity/mexico/pr
esupuestos/InformeLabores.pdf
http://www.juridicas.unam.mx/publica/librev/rev/rap/cont/79/pr
/pr6.pdf...
http://www.google.com.mx/search?q=http%3A%2F%2Fprodi
gy.msn.com%2Fsearch.php&rls=com.microsoft:es-mx:IE-
SearchBox&ie=UTF-8&oe=UTF-
8&sourceid=ie7&rlz=1I7ADFA_esMX458&redir_esc=&ei=B_L
TTq2eFPPHsQKjp4jjDg#q=MODERNIZACION+ADMINISTR
ATIVA&hl=es&rls=com.microsoft:es-mx:IE-
SearchBox&rlz=1I7ADFA_esMX458&prmd=imvns&ei=I_LTT
p71AYbjsQKJn7HrAg&start=10&sa=N&bav=on.2,or.r_gc.r_p
w.,cf.osb&fp=82f933d4e610349d&biw=1280&bih=705

http://www.aaeap.org.ar/ponencias/congreso2/Ase_Ivan.pdf
LIBROS

-La Modernización Administrativa en el Estado de México

Rolando Barrera Zapata

Ma. Del Pilar Conzuelo Ferreyra

- La Modernización Administrativa en México

María del Carmen Pardo

143

www.ingramcontent.com/pod-product-compliance
Lightning Source LLC
Chambersburg PA
CBHW031514040426
42445CB00009B/232